やっ[illegible]英会話は筋トレ。

20の動詞をモノにする反復法

船橋由紀子
英語学習コーチ／メンタルコーチ

音声付き

かんき出版

はじめに

「英語がしゃべれる」秘訣は、やっぱり「絞り込み×反復」でした

本書は、2021年4月に発売された『英会話は筋トレ。』の兄弟本です。おかげさまで前作は、

- **「簡単なのに役に立つ例文ばかり」**
- **「苦にならず繰り返し練習できる」**
- **「本当に英語が口から出てくるようになった」**
- **「勉強が苦手な方にこそおすすめ！」**

と多くの反響をいただきました。

前著では、私の趣味である筋トレが高じて、日本最大規模の美ボディコンテスト「ベストボディジャパン」に出場するようになり、地方大会でグランプリを獲得、日本大会にも出場するという自身の略歴に触れながら、英会話と筋トレの共通点は**「何を（どこを）先に鍛えるかが重要だ」**と述べました。

筋トレには**「BIG3」**と呼ばれる「大きな筋肉を、同時にいくつも鍛えられる種目（スクワット・デッドリフト・ベンチプレス）」があります。それらの種目で、大腿四頭筋や大胸筋などの大きな筋肉を先に鍛えたほうが体は変わりやすくなります。

一方、二の腕を絞りたい…と、腕ばかりを鍛えても、体の全体的な代謝は上がらず体質や体幹は容易に変化しません。

この考え方は、英会話のトレーニングにも当てはまります。

何よりも「活用頻度の高い例文や表現」に的を絞り、それらを反復して習得するのが近道なのです。そう、「絞り込み × 反復」こそが、英語を本当に使いこなせるレベルへと押し上げてくれ、言いたいことをスラスラとしゃべれる自分へと、いち早く近づいていけるのです。

なぜ基本動詞のトレーニングに効果があるのか？

ところで、この「何を（どこを）先に鍛えるか」について、前作『英会話は筋トレ。』では、中学２年生までの英文法に絞りました。

そのコンセプトを受け継ぎ、本書では、いわゆる「英会話におけるBIG3」となる「20の基本動詞」を題材として取り上げています。ネイティブがよく使い、初級者にとって効果的に上達を実感できる動詞ばかりを厳選しました。それらを100の例文パターンにしてトレーニングしていきます。

なぜ基本動詞を習得するのが大事なのか？　ここで確認しておきましょう。

本書では詳しく扱いませんが、英文法の語順のルールには「５文型」があり、全ての英文は、「５文型」のいずれかの組み立てになっています。

第一文型　S ＋ V

第二文型　S ＋ V ＋ C

第三文型　S＋V＋O
第四文型　S＋V＋O＋O
第五文型　S＋V＋O＋C
（S：主語、V：動詞、C：補語、O：目的語）

細かいところの理解はできなくても大丈夫。ここでの注目ポイントは、**すべての文型が「主語（S）＋動詞（V）」で始まっている**点。この部分はどんな英文にも欠かせないということです。しかも動詞は、主語に続く**「文の出だし」**に当たります。ですから、動詞を習得すれば、英語がよりスラッと口から出てくるようになります。

さて、その動詞の中でも **be** 動詞（**am/are/is** など）に比べて、世の中にある一般動詞は数が圧倒的に多いですが、実はネイティブでさえ幅広い動詞を駆使しているわけではなく、**とても簡単な動詞ばかりを使い回して会話をしています。**その「使い回し」の方法は次の２つ。

①１つの単語を色々な意味で使う
②動詞＋前置詞（や副詞）とセットにした「句動詞」で使う

つまり、動詞のなかでも簡単で身近な**「基本動詞」にギュッと絞り**、使い方をマスターすれば、効率よく、**自分の言いたいことをスラスラとしゃべれるようになる**のです。

1カ月の集中トレーニングで スラスラとしゃべれるようになる！

英会話と筋トレのもうひとつの共通点が、**「取り組み続ければ、人生が変わる」**ということ。筋トレも英会話も、一見地味な反復や継続こそが、まさに人生のターニングポイントを引き寄せてくれるのです。

本書を順調に進めていただければ、**必要なトレーニング期間はたった1カ月。実質28日（4週間）**です。取り組む時間は**1日60分**。

ご安心ください。難しかったり、やり方に迷ったりすることはありません。つまずきがちなポイントは、あらかじめ対策を紹介しています。

これらのノウハウは、私が英語学習コーチとして、13年間で5000人以上の英会話力UPやTOEICスコアアップのサポートをしてきた経験に基づくものです。本書で提唱している「絞り込み×反復」で、2カ月でTOEIC200点以上アップした受講生は数え切れませんし、英会話力を伸ばした先にある、転職や海外駐在などの夢の実現も目の当たりにしてきました。

今日からあなたの未来を変えるために、本書と共に、1カ月の英会話トレーニングを始めましょう！

2023年10月　英語学習コーチ/メンタルコーチ
船橋由紀子

「基本動詞100例文」の4大特徴

この本のメインコンテンツの例文について説明します。本書で目指すゴールは「**自動化**」です。これは、**英語が脊髄反射のように瞬発力を伴ってスラッと口から出てくる状態になること**。この「自動化」を目指す過程で、英文が「わかる」だけの状態から、何も見ずに自ら英作文できる、つまり「使える」状態に進みます。そこからさらに反復を重ねることで、スラスラと、かつ一部を置き換えることまでも可能な**「使いこなせる」状態（自動化）に至り、英会話が上手くなっていきます**。感覚的には「パッと言える」「スラっと言える」、あるいは「無理に思い出そうとしなくても楽に言える」「余裕が出てくる」という状態です。

習得レベル	わからない	わかる	（ゆっくり） （そのまま） 使える	（反射的に） （応用して） 使いこなせる
英会話で 使える	×	△	○	◎ 自動化！

これは、「**第二言語習得論**（**Second Language Acquisition:** 母語以外の言語を身につける仕組みやプロセスを解き明かした理論）」に基づいた科学的な考え方です。

そして最短で「自動化」を実現するために、本書ではあえて

he/she といった主語で始まる文を掲載しておらず、I/you/it が主語の例文を載せています。なぜなら「私とあなた」の間のやり取りが最も使う頻度が高いからです（代名詞の it がそれに続きます。また、一部、“物事”が主語になった例文も本書に掲載されています）。つまり I/you/it こそ、「BIG3」（大きな筋肉を同時に鍛えるトレーニング種目）の考え方における大きな筋肉に当たります。

表現を増やしていくのは、これらの例文を「自動化」させたあとです。

特徴2 > 基本動詞20個を「フレーズ」にして掲載

繰り返しになりますが、本書のゴールは「基本動詞をスラスラと使いこなせるようにすること（自動化）」です。そこで have や go といった馴染みのある動詞を載せていますが、そこには本書ならではの特徴があります。それは、動詞を単体ではなく、使い勝手が良い「主語や出だし部分＋動詞」のカタマリ（フレーズ）として掲載していること。そのカタマリ部分を含む「基本動詞 100 例文」を反復練習する形式にしていることです。例えば、talk about という表現をマスターするために「Let's talk about」のカタマリから始まる例文を反復して練習するといった感じです。この方法には、次のようなメリットがあります。

- **基本動詞が例文ごとスラッと出てくるようになる。**
- **練習は「カタマリ」部分を固定させ、他の部分を置き換えるだけ。これぐらいのトレーニングがほどよい難易度になる。**

● **使う場面がイメージしやすい（例：talk about という単語や句よりも Let's talk about という節や文のほうがリアリティがある）。イメージが伴うので覚えやすい。**

なお本書で言う「基本動詞」とは、いわゆる一般動詞のこと。**be** 動詞（**am/are/is** など）以外の動詞を対象にしています。

特徴３＞文法や単語は、中学２年レベルが中心

前作に引き続き、単語や文法は中学２年までに学ぶもの、あるいは「日本語でもカタカナ英語での馴染みがあるもの」をメインに使用しています。前作よりちょっとだけチャレンジングな例文も全体の５％程度入っています。ぜひ本書で基本動詞をモノにしてください。

また、**get on** のような、「動詞＋前置詞（や副詞）」で意味を成す**「句動詞（熟語）」**と呼ばれるものも掲載しています。それらの語句の意味は、**Part1**「前置詞／副詞」を読むことで、よりイメージしやすくなります。

特徴４＞短めの例文から、徐々に長く

「置き換え例文」に掲載している例文は、平均して６語の長さ。コンパクトで覚えやすいものにしつつ、より負荷をかけたトレーニングができるよう、長めの例文も散りばめています。

なお、例文や解説はアメリカ英語に基づきました。

本書の構成と学習手順

本書は、次の構成からできています。１つずつ解説します。

- 事前の準備（前置詞・副詞のコアイメージ解説）
- 基本動詞のコアイメージ解説
- 「基本動詞 100 例文」の解説と置き換えトレーニング
- １分間穴埋めテスト

手順0 事前の準備

本格的なトレーニングを始める前に、あらかじめ本書の**音源を準備**しておきましょう。英語の発音が苦手・自信がないという方は事前に音源を一度聞いておくと、英語への抵抗が薄れてスムーズにトレーニングできます。☛ 音声を聴く方法については **p.21** へ。

次の準備として、本書の **PART1** で、**前置詞 / 副詞の「コアイメージ」を一読**しておきましょう。本書には句動詞「動詞＋前置詞（や副詞）」が数多く出てきますが、前置詞などのコアイメージがわかっていると、格段に意味が腹落ちし、習得しやすくなります。読み終えたら、いよいよ本編 **Part2** です！

手順1 コアイメージの解説を読む

基本動詞の「コアイメージ」の解説を読み、**動詞の持つイメージや使い方を確認**しましょう。すると、動詞が持つニュアンスを捉えやすくなります。併せて、イラストも見ながら動詞のイメージを膨らませてみましょう。中には個性的な描写もありますが（笑）、イメージ付けの一助にしてみてください。

手順2 見出し例文と解説を読む＆音読する

[001] などと番号のつく、見出しの例文に目を通します。次に、その下にある解説を読み、例文の文法・構造や使用する状況を確認します。その際、例文を声に出して読みます。

このとき、まずは

①文の構造を味わうように見出し例文を音読

（例：**give up** の後ろは **-ing** が来るんだな！）

次に、

②実際に使用するシーンをイメージして例文を音読

（例：**give up** は習慣をやめるときのイメージか！）

さらに必要に応じて、

③ PART1 の前置詞 / 副詞の解説を照らし合わせる

（例：**up** は「上昇」、手元から離れていくイメージか！）

とすると、次の置き換えトレーニングにスムーズに進めます。

手順3 1分間置き換えトレーニング

本書のトレーニングのメインとなるのがこの部分です。例文を５つ載せていますが、「一部が固定」それ以外が「置き換え」になっています。ここで大切なのは、見出し例文の形をベースにして、新たに６つめ７つめの**「自分事」の例文を作る**ことです。具体的には次の①〜③のように進めましょう。

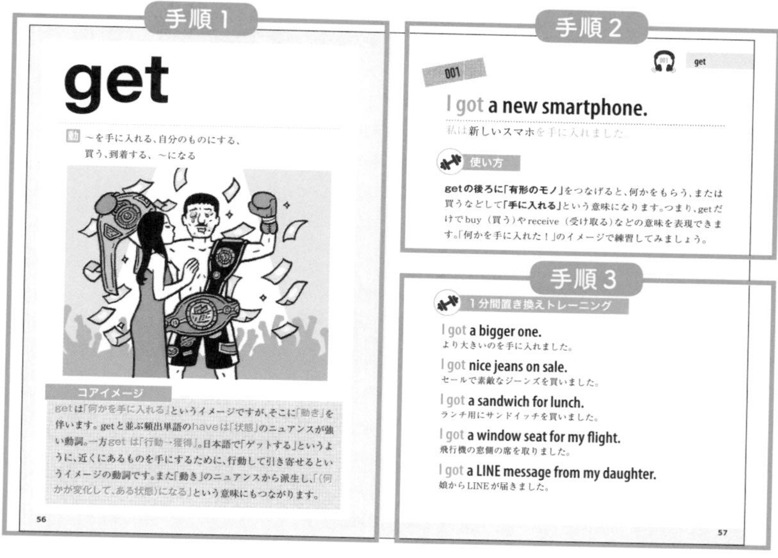

手順1

get

動 ～を手に入れる、自分のものにする、買う、到着する、～になる

コアイメージ

getは「何かを手に入れる」というイメージですが、そこに「動き」を伴います。getと並ぶ頻出単語のhaveは「状態」のニュアンスが強い動詞。一方get は「行動→獲得」。日本語で「ゲットする」というように、近くにあるものを手にするために、行動して引き寄せるというイメージの動詞です。また「動き」のニュアンスから派生し、「(何かが変化して、ある状態)になる」という意味にもつながります。

56

手順2

001 get

I got a new smartphone.

私は新しいスマホを手に入れました。

使い方

getの後ろに「有形のモノ」をつなげると、何かをもらう、または買うなどして「手に入れる」という意味になります。つまり、getだけでbuy（買う）やreceive（受け取る）などの意味を表現できます。「何かを手に入れた！」のイメージで練習してみましょう。

手順3

1分間置き換えトレーニング

I got a bigger one.
より大きいのを手に入れました。

I got nice jeans on sale.
セールで素敵なジーンズを買いました。

I got a sandwich for lunch.
ランチ用にサンドイッチを買いました。

I got a window seat for my flight.
飛行機の窓側の席を取りました。

I got a LINE message from my daughter.
娘からLINEが届きました。

57

①１分間のタイマーをセットして、スタートします。
②例文５つに目を移し、音読します。
③残りの数十秒はオリジナルの置き換えをしてみます。「置き換え」の部分に「自分事」の単語を当てはめた例文を作成し、声に出してみましょう。 詳しくは次ページへ。

手順4 ＞ １分間穴埋めテスト

このページは、「１分間穴埋めテスト」という名前をつけています。英語を書くというより、日本語訳を見つつ英語を読み上げる、カッコのところに来たら単語を当てはめて読み上げるというスタイルで学習してみましょう。ここでネタバラシをすると、カッコに入るのはその単元で学んだ動詞や前置詞などばかり。トレーニングした直後に穴埋めまで取り組めば、スルスルとできるはず。所要時間は、タイトル通り「1分間」程度を目指します。これまで学んだ動詞の使い方をコンパクトにおさらいします。

置き換えトレーニングで オリジナル例文を作成するコツ

手順3「1分間置き換えトレーニング」の補足をします。ここでは、本書の音源データなどを使った学習ではなく、自分のペース・リズムで声に出してください（音源は、復習や移動時間の学習に活用してください！ 復習については16ページ）。自分で作る6つめ、7つめのオリジナル英文は、右図のように取り組んでください。

たった1分間の使い方で大事なのは、「なるべくたくさん例文を反復する」こと。そうするとルールや表現が身につきます。さらに「自分事」の例文を作る体験を積むことによって、応用力が身につきます。また、できるだけポンポンとしたリズムの良さを心掛けると、トレーニングに没入できます。

このトレーニングでは、「内容が思い浮かばずに時間が経ってしまう」ということがよくあります。それへの対処法を以下にまとめました。参考にして適宜取り入れてみてください。

●まずは掲載されている例文を音読して覚えるだけでもOK！

●ほんの1単語を入れ替えるだけでもOK！

001

get

I got a new smartphone.

私は新しいスマホを手に入れました。

使い方

getの後ろに「有形のモノ」をつなげると、何かをもらう、または買うなどして**「手に入れる」**という意味になります。つまり、getだけでbuy（買う）やreceive（受け取る）などの意味を表現できます。「何かを手に入れた！」のイメージで練習してみましょう。

1分間置き換えトレーニング

I got a bigger one.
より大きいのを手に入れました。

I got nice jeans on sale.
セールで素敵なジーンズを買いました。

I got a sandwich for lunch.
ランチ用にサンドイッチを買いました。

I got a window seat for my flight.
飛行機の窓側の席を取りました。

I got a LINE message from my daughter.
娘からLINEが届きました。

57

掲載されている例文５つを音読したのち、一部を固定し、一部の単語を自分で置き換えて声に出します

例）

I got a new bag.
I got a nice chair.
I got a black tablet.
…

↑
この部分を自分で置き換える

- **事実じゃないことを言うのもウェルカム！**
- **目の前に見える単語を当てはめるのも、やりやすさがUP！**
- **何なら、日本語を入れてしまってもOK！**
- **最初にシンキングタイムを取って、どんな単語を入れようかを考えてもOK！（その場合、タイマーで時間を区切ろう）**
- **間違えてるかな？などは気にしないでOK！（気になる場合は別途調べる時間を取ろう）**

そうして、「英語をしゃべれる自分」へと近づいていきます。

1分では物足りない！　という方は、時間をもう1分プラスし、さらに多くの例文を置き換えてみましょう。

学習効果を劇的に上げる２つの秘策

秘策１ 「意識」を使う

筋トレには「意識性の原則」という概念があります。これは、たとえば「大胸筋を鍛えているぞ」という意識を持ちながらベンチプレスをするほうが、神経回路が開通し、鍛えたい筋肉に適切な負荷をかけることができ、結果、その部位が短期間で鍛えられるという法則です。

実はこれは英語でも同じです。「**Can I have a receipt, please?**」と声に出しながら「レジで領収書をもらう場面をイメージする」、など**身体活動と意識を一致させ、反復すると、トレーニングの効果が断然アップ**してきます。また、これによって面倒な反復作業から脱却し、夢中で没頭感のある状態を作り出せたり、すぐに忘れてガッカリすることも減らせたりする効果もあります。

さらに大事なのが、意識するのは**「１つのことだけに絞る」**ということ。そのほうが、圧倒的に効率が良いトレーニングになります。**「文法や構造を確認する」「発音を意識する」「シチュエーションをイメージする」と、１つずつ分けて集中することが大切**ということです。

NLP（神経言語プログラミング）という教えの中には、**「焦点化」**という法則があります。これは「人は２つ以上のものを意識しようとするのは非常に苦手であり、基本的には１つのみにフォーカスしてしまう性質」のこと。私たちの「意識」はキャパシティがそんなに広くありません。同時に２人から話しかけられると混乱してしまうように、２つ以上の同時処理は基本的に不得意なのです。

これらを踏まえ、反復するときには**意識すべきポイントを「1つだけ」設定する**ことが、トレーニングの効率を高めるコツになります。

秘策２ 時間を区切る

先ほど、「意識」の置きどころの話をしましたが、そもそも「反復って退屈なんじゃないだろうか？」と思っていたり、実際にそう感じたことはありませんか？

退屈感が湧き上がってきてしまうと、意識は途端に別のところに行ってしまいます。口ではパクパクと英文を反復しているのに、心では晩御飯のことを考えている…などと、行動と心がバラバラになりがち。それでは、反復の効果が半減してしまいます。

そこで提案したいのが、**「タイマー」で時間を区切る方法**です。時間を区切ることによって生まれる**「締め切り効果」**によって、トレーニングにおいて大事な「意識」を高くキープすることができます。もちろんスマホのタイマー機能で十分です。

ところで、本書では置き換えトレーニングの時間をあえて「１分」とかなり短くしています。これも、**「退屈を感じる前に、ギュッと１分間だけ集中してしまおう」**と、トレーニングがダレることを未然に防ぐ仕掛けです。とは言え、実際のところ、１

分以上取り組んでいただくとさらに良いですし、文の長さや個人差によって、1分では足りない場合もあります。その場合も、ダラダラ長くせずに「3分」などと自ら「時間を区切る」ことがポイントです。

また、「例文を○個言う」などのルールにすると、脳内に「例文の数を数える」という作業が生じますが、タイマー方式であれば、置き換えトレーニングにより没頭できます。

取り組みスケジュールと復習について

では具体的なスケジュールを見ていきましょう。ここでは、20個ある基本動詞について**「1日1動詞」学びながら進めていくプラン**をご紹介します。

右ページをご覧ください。見出し例文が最も多い（8つ）**take**の単元を一気に学ぶとき、学習時間は約30分。本書の**新しい範囲を学び進めるのに**、この**最大30分の時間を毎日確保する**とイメージしてください。

ところで、このトレーニングにはもうひとつ考慮しなければならないことがあります。それは、**「忘却に逆らい、自動化を目指すこと」**です。覚えた労力をあっという間に無駄にするわけにはいきません。そこで肝心なのが**復習の「頻度」**です。

物事を忘れるスピードと割合を曲線にした「エビングハウスの忘却曲線」では、「覚えたてのものは、1日の間に急激な忘却が起こる」**「一度復習したものは、その後の忘却が緩やかになる」**とされています。ですから、覚えたてのときには、畳み掛

1 動詞のコアイメージの解説を読む（1分）

take

動 ～を取る、持っていく、持ち去る、買う

コアイメージ

take は「外から自分のところに取り込む」イメージ。getよりもより積極的に、自ら選んで掴み取る要素があります。また、bringが「取ったものを話の中心に持ってくる」というニュアンスなのに対し、takeは「取る」ことに焦点が当たったり、「話の中心から離れた場所に持っていく」イメージです。take out/take away（お持ち帰り）は、まさにtakeの持つコアイメージを含む表現です。

94

2 見出し例文と解説を読む＆音読する(1分)

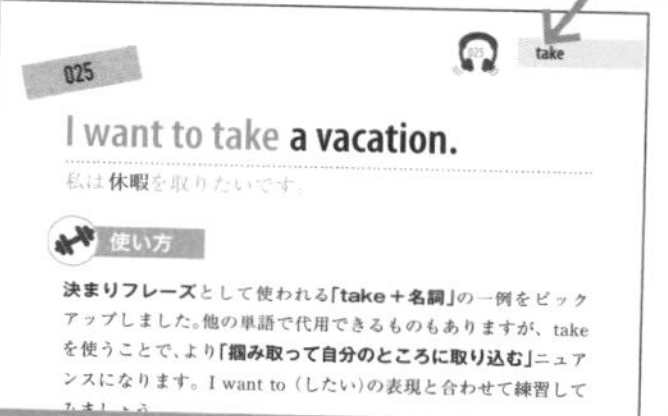

025 take

I want to take a vacation.

私は休暇を取りたいです。

使い方

決まりフレーズとして使われる「take＋名詞」の一例をピックアップしました。他の単語で代用できるものもありますが、takeを使うことで、より「掴み取って自分のところに取り込む」ニュアンスになります。I want to（したい）の表現と合わせて練習してみましょう。

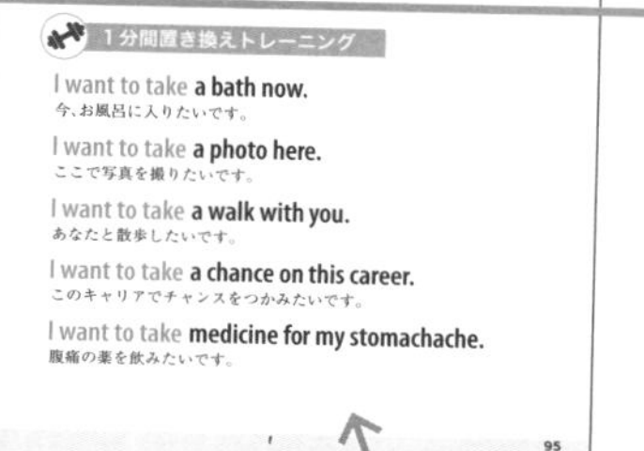

1分間置き換えトレーニング

I want to take a bath now.
今、お風呂に入りたいです。

I want to take a photo here.
ここで写真を撮りたいです。

I want to take a walk with you.
あなたと散歩したいです。

I want to take a chance on this career.
このキャリアでチャンスをつかみたいです。

I want to take medicine for my stomachache.
腹痛の薬を飲みたいです。

95

3 1分間置き換えトレーニング：1分×2set＝2分
※余裕を持って置き換えを2セット行う想定
例）見出し例文が8つのtakeの場合、2と3で24分（8×3分）

4 1分間穴埋めテスト(1分)

take 1分間穴埋めテスト

Are you going to ( ) a vacation soon?
もうすぐ休暇を取る予定？

Yes, I'm thinking of ( ) a trip to Hawaii.
うん、ハワイに旅行しようと思っているんだ。

Sounds great! I can ( ) ( ) of your work during the time.
いいね！ その間は私が仕事を引き受けるよ。

Thank you so much. I'll bring some paper files to you later.
ありがとう。あとで紙のファイルを持っていくね。

Maybe it'll ( ) just 30 minutes to share my work with you.
たぶん30分ぐらいで仕事をシェアできると思う。

OK. ( ) a lot of ( ) and enjoy your vacation!
わかった。たくさん写真を撮って、休暇を楽しんでね！

104

take

Thanks, I'm looking forward to ( ) ( ) my jacket and putting on a swimsuit.
ありがとう。ジャケットを脱いで、水着を着るのが楽しみだよ。

And I'm going to ( ) ( ) surfing there.
そこでサーフィンを始めるつもりなんだ。

( ) the chance to make some wonderful memories in Hawaii.
ハワイで素敵な思い出を作るチャンスをつかんできてね。

take を使った名言を学ぼう

"If you have a good attitude and you make a plan and take a chance, even Mars is possible."

良い態度を持ち、計画を立ててチャンスをつかむのであれば、火星さえも可能です。

Maye Musk（モデル、著者、栄養士、Elon Muskの母）

答え

❶ take ❷ taking ❸ take care ❹ take ❺ Take、photos ❻ taking off ❼ take up ❽ Take

105

合計学習時間⇒ takeの場合…1分＋24分＋1分＝26分

けるように復習することが大事になります。そのことを踏まえ、以下のような頻度で復習を入れましょう。

復習1 その日のうちに復習（15分）

その日に取り組んだ新しい範囲を復習します。その際は、例文（見出し例文＆置き換えトレーニング例文）を１回だけ音読します。**声に出せば、単に眺める復習よりもずっと記憶の定着度合いが上がります。**

復習2 翌日以降も前日の範囲を復習（15分）

前日に取り組んだ範囲に対して、例文（見出し例文＆置き換えトレーニング例文）を１回だけ音読します。すると「覚えたてのものは、特に急激な忘却が起こる」という現象をさらに防ぐことができます。

つまり、

- **新しい範囲の取り組み 30 分＋復習 15 分**
- **前日までの範囲の復習 15 分**

これがトレーニングに必要な１日の時間の目安です。その他、音源を活用し移動中に聞くなどして、少しでも例文に触れる機会を作ってみてください。

「基本動詞 例文トレーニング」学習スケジュール

内容	1日目	2日目	3日目	4日目	5日目	6日目	7日目
新規＋復習(30＋15分)	get(7例文)	have(6例文)	go(5例文)	1〜3日目の復習	come(6例文)	take(8例文)	5〜6日目の復習
前日までの復習(15分)		get(7例文)	get&have		苦手なもの	come&苦手	

内容	8日目	9日目	10日目	11日目	12日目	13日目	14日目
新規＋復習(30＋15分)	give(5例文)	tell/talk(4例文)	like(6例文)	8〜10日目の復習	want(8例文)	keep(5例文)	12〜13日目の復習
前日までの復習(15分)	苦手なもの	give&苦手	give/tell/talk		苦手なもの	want&苦手	

内容	15日目	16日目	17日目	18日目	19日目	20日目	21日目
新規＋復習(30＋15分)	leave(5例文)	put/turn(7例文)	make(6例文)	15〜17日目の復習	work(5例文)	use(5例文)	19〜20日目の復習
前日までの復習(15分)	苦手なもの	leave&苦手	leave/put/turn		苦手なもの	work&苦手	

内容	22日目	23日目	24日目	25日目	26日目	27日目	28日目
新規＋復習(30＋15分)	look(5例文)	think/do(7例文)	22〜23日目の復習	get/have go/come 総復習	take/give tell/talk like/want 総復習	keep leave/put turn/make 総復習	work/use look/think do 総復習
前日までの復習(15分)	苦手なもの	look&苦手					

復習3 数日置きに、学んだ範囲を一気に復習(60分)

さらに、数日ごとに**「復習だけの日」**を設けます。所要時間は約60分、「解説を読み直して理解を深める」、そして「置き換えトレーニング」を繰り返します。下にある「スケジュール表4日目の60分間の復習（例）」を目安にしてみましょう。

スケジュール表 4日目の60分間の復習（例）

get	コアイメージと解説読み直し	各10分ずつ
	例文置き換えトレーニング	
have	コアイメージと解説読み直し	各10分ずつ
	例文置き換えトレーニング	
go	コアイメージと解説読み直し	各10分ずつ
	例文置き換えトレーニング	

休憩がないと流石にヘトヘトになるかもしれません。適宜ひと休みしながら進めていきましょう。

解説をパラパラと読み返すだけでも、その日までのトレーニングと結びついて「なるほど！」と気づきが得られることも多いです。また「置き換えトレーニング」でつまずきがちなページは、翌日以降、何度も見直すようにしましょう。

100例文を終えた後の復習について

何度もお伝えしているように、100 例文の習得ゴールは「自動化」です。この状態を作るためには、「忘れないための復習する」だけでは足りず、**「自動化したと感じるまで」反復を続ける**必要があります。

ですから、100 例文をいったん終えた後も学習を 1 日 30 分と短くして継続してみてください。その内訳は、次のように考えてみてはいかがでしょう。

① 1 日 10 分程度の置き換えトレーニング
② 1 日 20 分の音声トレーニング

②は付属音声を活用し**「日本語訳を聞いたすぐ後に、何も見ずに例文が言えるか？」**というトレーニング方法です。本書を開かなくても、音声さえ聞ければ移動中の時間なども活用できます。このように、計 1 日 30 分の復習で、100 例文の内容を本当に「使える」英会話の筋肉としていきましょう。

音声を聴く方法

本書の音声はお手持ちのスマートフォンやタブレットで、すべて無料でお聴きいただけます。

下記のQRコードまたはhttps://www.abceed.comより、アプリ「abceed」をダウンロードのうえ、『やっぱり英会話は筋トレ。20の動詞をモノにする反復法』と検索してください。

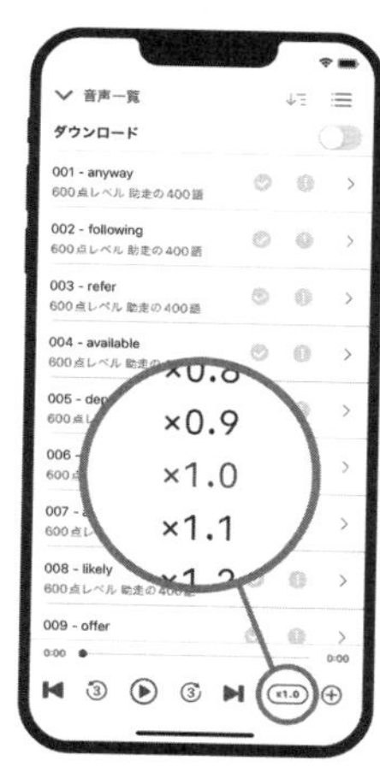

※ abceedは株式会社Globeeの商品です。
※本書の音声はabceed以外での再生には対応しておりません。

音声に関する不具合は、下記URLからお問い合わせください。
[お問い合わせフォーム]
https://www.abceed.com/contact

CONTENTS

取り組みスケジュールと復習について

PART 1 前置詞／副詞

PART 2　基本動詞100例文

take……94

give……106

tell……114

装丁:三森健太(jungle)
本文デザイン:土屋和泉(Studio Wazen)
イラスト:モドロカ
校正:Jack Barker、松本靜子
撮影:坂本勝俊
音声:Jennifer Okano、Howard Colefield(米語)、
船橋由紀子、中島智彦(日本語)
企画協力:ブックオリティ

PART 1

前置詞／副詞

on

前 ～の上に、～に
副 ～の上に、～し続けて

コアイメージ

onは上だけでなく下／側面、**あらゆるものとの「接触」**を表します。体と洋服が接触する「着る」こと、日付／曜日を示すこと、スイッチなどが「入る」こと、さらに**物事が「続く」**意味に派生します。

用例

get on（～に乗る）
put on（～を着る）
go on with the test（テストを続ける）
on Sundays（日曜日に）

in

前 ～に、～で、～の中で、～後に
副 中に、内に

コアイメージ

inは「内部」、空間／時間が囲われたコアイメージ。場所の中、時間帯や月、分野なども表します。また、in ten minutesは10分以内ではなく「10分後」(10分の中に収まるギリギリ内側)です。

用例

in the fridge（冷蔵庫の中に）
in October（10月）
in the morning（朝に）
in the legal field（法律の分野で）

at

前 ～に、～で

コアイメージ

at は「一点」。時計の針が時刻を指す「時間の瞬間」や、ピンを立てるように「場所の一点」を示すイメージです。「話者の空間イメージ」によっては、同じ場所に対して、at も in も両方使えます。

用例

at 7:00（7時に）
at home（家で）
at the station（駅で）
look at the notice（通知を見る）

of

前 ～の、～について

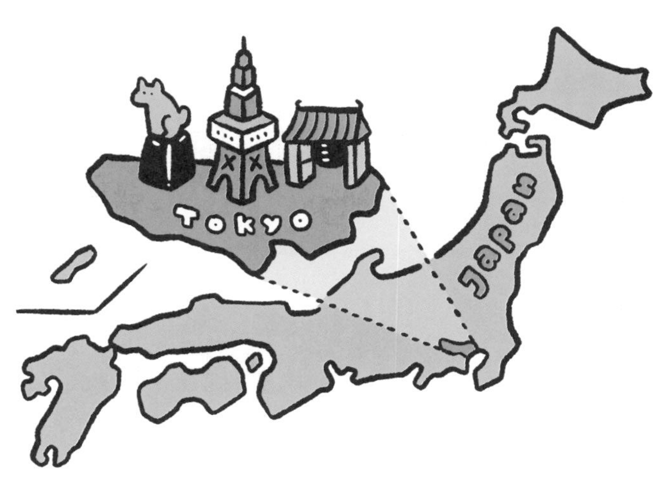

コアイメージ

ofは「切っても切れない関係」。そこからthe capital of Japan（日本の首都）のような「部分 of 全体」や「所属／所有」、the price of thisのような「関連」、think of のような「話題」なども表します。

用例

the CEO of my company（私の会社の**CEO**）
the price of this（この値段）　**think of**（～について考える）

from

前 ～から

コアイメージ

fromは「起点」、出発点や出所を表します。さらに、**そこから離れて動き出すイメージ**があります。物事の移動や期間を表す際には、「到達」を表すtoとfromがよくセットで使われます。

用例

from here（ここから）　**from 9:00 to 5:00**（**9**時から**5**時まで）
a good friend from college（大学からの親友）

for

前 ～に、～へ、～のために

コアイメージ

forは「方向」を表します。物理的な方向を表すだけでなく、心理的な方向を表す「～のために」(目的／理由)の意味や、ある方向に向かう**時間の幅を表す「期間」**の意味にもなります。

用例

for my health（健康のために）
leave for school（学校に出発する）
look for（～を探す）
for ten years（10年間）

to

前 ～に、～まで

コアイメージ

toは意識や行動が「到達」するコアイメージ。goもcomeも、「行く」の意味のgetも全てtoとセットで使用します。また、行為や情報などの到達先（例：Give it to me.）を表すのもtoです。

用例

get to（～に行く）
come to the exit（出口に来る）
go to bed（就寝する）
talk to（～と話す）

with

前 〜と一緒に、〜と共に、〜で、〜と、〜に

コアイメージ

withは何かが「一緒」にくっついて存在していること。人との「同伴」、物の「携帯」を表す他、How's it going with …？（〜は順調ですか？）のように、状況や状態が「伴う」こともwithで表せます。

用例

work with（〜と働く）
talk with（〜と話す）
play with my son（息子と遊ぶ）
come up with（〜を思いつく）

about

前 ～について、～に関して
副 約、およそ

コアイメージ

aboutは「周辺／関連」。日本語の「アバウト」に近いざっくり感があります。時間や数字に対して使えば「約」の意味となり、「話題」に対して使う際は、周辺情報も含む幅広さを表します。

用例

about five（約5つ／時）
talk about（～について話す）
think about（～について考える）
about it（それについて）

around

前 ～の周りに、～を取り囲んで
副 周囲に、ぐるりと向きを変えて

コアイメージ

aroundは「周囲」。"round"という単語のようにぐるりと円を描くような移動や、何かの周囲を示します。日本語の「アラサー」などはaround thirty（30歳の周辺）からできた言葉です。

用例

around here（この辺りに）　**around 2:00 pm**（午後2時頃に）
turn around the chair（椅子を反対向きにする）

as

前 ～として、～のように　**副** ～と同じくらい
接 ～と同様に、～のように

コアイメージ

asは2つの物事が**「同じ」関係**であることを表します。I work as a teacher.であれば、私＝先生のようにasを挟む2つが「＝」であるイメージです。さらに**「～のように」**などの意味でも使います。

用例

work as（～として働く）
as a habit（習慣として）
as usual（いつものように）
as scheduled（予定通りに）

off

前 ～から離れて、～を外れて
副 離れて、外れて、休んで、止まって

コアイメージ

offは何かから切り離される**「分離」**で、**「接触」のonとは逆の意味合い**です。洋服を体から離す「脱ぐ」、スイッチを切る、仕事などから離れる「day off（休日）」などにoffが使われます。

用例

take off（～を脱ぐ）
turn off（～を切る）
get off the bus（バスを降りる）
a few days off（数日の休み）

away

副 離れて、遠くへ

コアイメージ

awayの「分離」はoffと異なり、**分離＋移動する要素を含み**ます。敵地を示す「アウェイ」のように距離がある感じです。put away も今の場所から物を移動して片付けるニュアンスです。

用例

put away（～を片付ける）
throw away（～を捨てる）
run away（逃げる）
from far away（はるか遠くから）

out

副 外で、外部で、外れて

コアイメージ

コアイメージは**「外部」、中から外に出ることを表し**ます。野球の「アウト」はまさにフィールドから「外に出る」こと。goやeatもoutとセットで「外出する/外食する」の意味になります。

用例

go out drinking（飲みに行く） **out of stock**（在庫切れで）
get out of（～から降りる/出る） **out of order**（故障して）

forward

副 前方へ、先へ　形 前方の
動 ～を転送する

コアイメージ

コアイメージは「**前方**」。スポーツで前方を担当する「フォワード」のポジションがあるように、**forwardは前を向き、かつ前進すること**を示します。位置や時間に関する前方/前進を表せます。

用例

be looking forward to（～を楽しみにしている）
go forward（前進する）　**fast-forward button**（早送りボタン）

before

前 ～の前に　接 ～する前に
副 以前に、前に

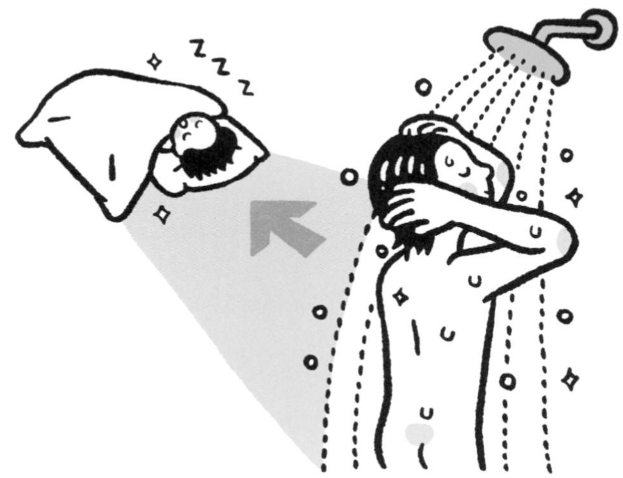

コアイメージ

beforeのコアイメージは「前」。位置や時間に関して、何かの前にあることを示します。特に「before + 出来事」の形で使い、ある出来事より「時間的に前」に起こったことを伝えられます。

用例

before 10:00（10時前に）
before dinner（夕食前に）
before bedtime（寝る前に）
the day before yesterday（一昨日）

after

前 ～の後に、～に続いて、～過ぎに
接 ～した後に　副 後に

コアイメージ

afterのコアイメージは「後ろ」。位置や時間に関して、何かの後ろにあることを示します。特に「after＋出来事」の形で使い、ある出来事より「時間的に後」に起こったことを伝えられます。

用例

after lunch（昼食後に）　**after the bridge**（橋を渡った後に）
after work（仕事の後に）　**the day after tomorrow**（明後日）

during

前 〜の間中ずっと、〜の間に

コアイメージ

duringのコアイメージは「**期間**」。forがfor two daysと「具体的な時間の長さ（数値）」を伴うのに対し、**duringは後ろに「出来事や期間の名前」**を入れ、その期間の最初から最後までを表します。

用例

during a flight（フライト中に）
during the night（夜の間に）
during dinner（夕食中に）
during the summer（夏の間に）

up

副 上へ、出現して、近づいてきて

コアイメージ

upのコアイメージは「**上昇**」です。「動詞＋up」で何かが上に向かう動きを表したり、位置が高いことを表します。そこから、「**増加**」「**接近**」「**出現**」の意味にも派生しています。

用例

get up（起きる）
take up（〜を始める）
turn up the light（電気を明るくする）
give up drinking（禁酒する）

down

副 下へ、離れて

コアイメージ

downは「下降」。下に向かう動きや位置が低いことを表し、「減少」「離れる」の意味にもなります。道案内で「進む」ことをgo downと言うのは、そこから「離れる」行動をするからです。

用例

go down the street（通りを進む） **sit down**（座る）
turn down（～を下げる） **write down**（書き留める）

PART 2

基本動詞 100例文

get

動 ～を手に入れる、自分のものにする、
買う、到着する、～になる

コアイメージ

getは「何かを手に入れる」というイメージですが、そこに「動き」を伴います。getと並ぶ頻出単語のhaveは「状態」のニュアンスが強い動詞。一方get は「行動→獲得」。日本語で「ゲットする」というように、近くにあるものを手にするために、行動して引き寄せるというイメージの動詞です。また「動き」のニュアンスから派生し、「(何かが変化して、ある状態)になる」という意味にもつながります。

I got a new smartphone.

私は新しいスマホを手に入れました。

使い方

getの後ろに**「有形のモノ」**をつなげると、何かをもらう、または買うなどして**「手に入れる」**という意味になります。つまり、getだけでbuy（買う）やreceive（受け取る）などの意味を表現できます。「何かを手に入れた！」のイメージで練習してみましょう。

1分間置き換えトレーニング

I got a bigger one.
より大きいのを手に入れました。

I got nice jeans on sale.
セールで素敵なジーンズを買いました。

I got a sandwich for lunch.
ランチ用にサンドイッチを買いました。

I got a window seat for my flight.
飛行機の窓側の席を取りました。

I got a LINE message from my daughter.
娘からLINEが届きました。

002

I want to get a new job.

私は新しい仕事に就きたいです。

使い方

「get＋無形のモノ」で、**情報/状態/結果**などを**「手に入れる」**の意味になります。つまり、getだけでachieve（達成する）などの意味も表現できます。ここではwant to（～したい）とセットにし、「何かを手に入れたい」というイメージで練習してみましょう。

1分間置き換えトレーニング

I want to get a haircut.
髪を切りたいです。

I want to get a few days off.
何日か休みを取りたいです。

I want to get a promotion this year.
今年昇進したいです。

I want to get a good score on the test.
テストで良い点を取りたいです。

I want to get more opinions from our users.
もっとユーザーからの意見を得たいです。

003

I got up at 7:00 this morning.

私は今朝7時に起きました。

get up：起きる

get upは、**起きあがって活動を始める**意味での**「起きる」**です。**単に目が覚める場合はwake up**を使います。文の後ろに「to＋動詞の原形」をつなぐと「get upする理由／目的」を説明できます。朝に関するトークをするイメージで練習してみましょう。

（☞up：p.52、at：p.36）

1分間置き換えトレーニング

I got up late.
遅く起きました。

I got up on time.
時間通りに起きました。

I got up at 5:00 to study.
勉強するために5時に起きました。

I got up early to make breakfast.
朝食を作るために早起きしました。

I got up at 6:30 to take the morning lesson.
朝のレッスンを受けるために6時半に起きました。

004

How can I get to **the airport?**

どうやって**空港**に行けますか？

get to：～に行く

「行く」の表現はgo toがお馴染みですが**get toも使われます**。getの「手に入れる」コアイメージから、**より「行き先に着く」ニュアンスが強い**です。ここではHow can I get to（どのようにすれば～に行けますか？）の表現で、行き方を尋ねるイメージで練習しましょう。（☞to：p.40）

1分間置き換えトレーニング

How can I get to **the entrance?**
どうやって入り口に行けますか？

How can I get to **the nearest cafe?**
どうやって最寄りのカフェに行けますか？

How can I get to **the shopping mall?**
どうやってショッピングモールに行けますか？

How can I get to **the zoo from the harbor?**
どうやって港から動物園に行けますか？

How can I get to **the hospital from the city hall?**
どうやって市役所から病院に行けますか？

Let's get on the next train.

次の電車に乗りましょう。

get on/get off：〜に乗る/降りる

get on/get offは、**空間の広い乗り物に乗る/降りる**ときに使います(バス/電車など)。その他、またがって乗る物にも使えます(自転車など)。室内が狭い乗り物(車)などにはget in/get out ofを使います。ここでは、旅行や移動シーンをイメージして練習してみましょう。(☞on：p.34、off：p.45)

1分間置き換えトレーニング

Let's get on the subway.
地下鉄に乗りましょう。

Let's get on the bus at Umeda station.
梅田駅でバスに乗りましょう。

Let's get off at terminal 2.
ターミナル2で降りましょう。

Let's get off at the next stop.
次の停留所で降りましょう。

Let's get off at the third station.
3つ目の駅で降りましょう。

006

I'm getting excited.

私はワクワクしてきました。

be getting：～になってきた

「～になる」という意味のgetを**「be getting ＋形容詞」**の形にすると**「～になってきた」**と**状態が少しずつ変化している様子**を伝えることができます。ここでは、私を主語にしたI'm gettingの形で、自分の状態に変化が起きているイメージを持って練習してみましょう。

1分間置き換えトレーニング

I'm getting sick.
具合が悪くなってきました。

I'm getting tired.
疲れてきました。

I'm getting nervous.
緊張してきました。

I'm getting better these days.
最近（体調が）良くなってきました。

I'm getting healthy with this supplement.
このサプリで健康になってきました。

It's getting warm.

暖かくなってきました。

It's getting：～になってきた

「be getting＋形容詞」(～になってきた)の表現は、主語を人以外にすると、**場所や物事の変化**を言い表せます。ここでは「○○ is getting+形容詞」の形にし、○○には天気のことを伝えるときの主語itや、その他の具体的な物事を入れてみましょう。

1分間置き換えトレーニング

It's getting dark.
暗くなってきました。

It's getting cold outside.
外は寒くなってきました。

This car is getting old.
この車は古くなってきました。

My phone's battery is getting low.
私の電話のバッテリーが少なくなってきました。

The food court is getting crowded.
フードコートが混雑してきました。

get 1分間穴埋めテスト

Finally, I (①) a new job!

ついに新しい仕事が決まったんだ！

Congratulations! Can I (②) the details?

おめでとう！　詳しい話を教えてくれない？

Sure, how about going to some cafe?

もちろん、カフェに行くのはどう？

Good idea! I know a good cafe near the park.
I'm (③) hungry.

いいね！　公園の近くのいいカフェを知っているよ。お腹が空いてきた。

Let's ( )(④) the bus and ( )
(⑤) at the park.

バスに乗って、公園で降りよう。

We can ( )(⑥) the nearest bus stop
from here in two minutes.

ここから最寄りのバス停までは2分で行けるよ。

Sounds nice!
I want to (⑦) some pancakes there.

いいね！　そこでパンケーキを食べたいな。

Well, can you (⑧) the business hours of the cafe just in case?

じゃあ、念のためにそのカフェの営業時間を調べてくれる？

I (⑨) it. I'll (⑩) the information from Google now.

わかった。今グーグルで情報を調べてみるよ。

get を使った名言を学ぼう

"It is not what we get. But who we become, what we contribute that gives meaning to our lives."

私たちが得るものではなく、どんな人物になるか、何に貢献するか、が人生に意味を与えるのです。

Tony Robbins（コーチ、作家、講演家）

答え

①got ②get ③getting ④get on ⑤get off ⑥get to ⑦get ⑧get ⑨got ⑩get

have

動 ～を持っている、所有する、いる、ある、食べる

コアイメージ

「所有」がhaveのコアイメージです。何かを物理的に所有していることだけでなく、人間関係/目標/経験/計画といった無形のモノを持っていることをhaveで表せます。体調や感情を表現するのもhaveでOK！　ちなみにhaveは「動き」ではなく所有している"状態"のニュアンスが強い動詞。一方get は、「自ら自分のもとに引き寄せる」という"行動"のニュアンスを持つ動詞です。

008

I have a Tesla.

私はテスラの車を持っています。

使い方

「have＋有形のモノ」で物理的に所有していることを表せます。実際に手に持っているものだけでなく、家などにあるものや財産なども含みます。I haveやI don't haveの表現で、自分の持っているもの/持っていないものを伝えるイメージで練習してみましょう。

1分間置き換えトレーニング

I have two dogs.
犬を2匹飼っています。

I have the latest camera.
最新のカメラを持っています。

I have too many clothes in my closet.
クローゼットには服があまりにもたくさんあります。

I don't have any cash today.
今日は現金を持っていません。

I don't have a dishwasher in my kitchen.
キッチンに食器洗い機はありません。

009

I have a cold today.

私は今日風邪を引いています。

使い方

haveは無形のモノ（体調/感情/人間関係など）とセットでも使えます。haveは「状態」ですから、例えばI eat breakfast.が「食べる」行為に着目するのに対し、I have breakfast.は朝食の時間や状態を表します。自分の色んな状況を伝えるイメージで練習してみましょう。

1分間置き換えトレーニング

I have breakfast at 7:00.
7時に朝食を食べます。

I have a passion for my work.
自分の仕事に情熱を持っています。

I have a good idea about that.
それについて良いアイデアがあります。

I have a problem with my PC.
私のパソコンに問題があります。

I don't have any brothers or sisters.
兄弟姉妹はいません。

Can I have a receipt, please?

領収書をいただけますか？

使い方

Can I have は「直訳：私は所有できますか？」ですが**「～をもらえますか？」と許可を取る表現**です。特に注文やサービスのリクエストをする際によく使われます。ここでは文末にpleaseをつけ丁寧さをプラスしつつ、注文／お願いするイメージで練習してみましょう。

1分間置き換えトレーニング

Can I have this one, please?
これをいただけますか？

Can I have chopsticks, please?
お箸をいただけますか？

Can I have a city map, please?
市街地図をいただけますか？

Can I have another beer, please?
もう一杯ビールをいただけますか？

Can I have a bottle of water, please?
水を１本いただけますか？

011

Do you have a bar in this hotel?

このホテルにバーはありますか？

使い方

「Do you have＋場所/設備」で、場所などを尋ねることができます。ポイントは、**主語にyouを使う**という点。「（ホテルなどの）場所に所属している人」に対して話しかける際は、この言い方でOK！　出かけた先で、場所や設備を尋ねるイメージで練習してみましょう。

1分間置き換えトレーニング

Do you have Wi-Fi here?
ここにWi-Fiはありますか？

Do you have a parking lot?
駐車場はありますか？

Do you have a waiting area?
待合所はありますか？

Do you have a smoking room?
喫煙室はありますか？

Do you have a gym or fitness center?
ジムやフィットネスセンターはありますか？

012

I have to leave now.

私は今、出発しなければなりません。

have to:〜しなければならない

have toは後ろに動詞の原形を取り、**「〜しなければならない(義務)」**の意味で助動詞的に使います。have（所有）のイメージが「義務を持つ」に広がったものです。**否定形don't have to「しなくてよい」**の意味も要チェックです。両方の意味を確認して練習しましょう。

1分間置き換えトレーニング

I have to get up early tomorrow.
明日、早起きしないといけません。

I have to think about the concept.
コンセプトについて考えなければなりません。

I have to double-check this document.
この書類をダブルチェックしなければなりません。

I don't have to work today.
今日は仕事をする必要はありません。

I don't have to do housework.
家事をする必要はありません。

013

I've got your email.

私はあなたのメールを受け取りました。

使い方

haveは「完了した」「経験したことがある」「継続している」という**「過去から現在にかけて幅のある時間」**を表す際にも使います(現在完了)。この現在完了形では動詞の部分を、**「have＋動詞の過去分詞」**の形にします(次頁参照)。過去の出来事の余韻を今も感じる気持ちで練習してみましょう。

1分間置き換えトレーニング

I've finished my work today.
今日は自分の仕事を終えました。

I've visited Australia twice.
オーストラリアを2回訪れたことがあります。

I've watched that drama before.
そのドラマを以前見たことがあります。

I've worked here for five years.
ここで5年間働いています。

I've lived in this town for ten years.
この街には10年間住んでいます。

COLUMN

現在完了形の過去分詞は「これだけ」押さえよう！

現在完了形とは「過去の出来事が、現在の状態や状況に影響を与えている」時制です。この感覚は、**have が「所有」のコアイメージを持ち、かつ「状態」を表す**ニュアンスがあることを考えると、わかりやすくなります。

ところで、現在完了形は【have ＋過去分詞】。このように have とセットで使われる過去分詞とは、動詞の一つの形で、過去形と同じ形をしている場合と、形が変わる場合（不規則動詞）があります。一見ややこしいのですが、ここで「よく使われる不規則動詞 6 選」を挙げてみました。

done：終わった（完了）
gone to：に行ってしまった（完了）
seen：に会ったことがある（経験）
been to：に行ったことがある（経験）
known：をずっと知っている（継続）
been in：ずっと～にいる（継続）

それぞれの意味は、「過去の出来事が、現在の状態や状況に影響を与えている」ことがわかります。

一方、あまり現在完了にこだわらなくても大丈夫！　現在形でも過去形でも、おおよそ伝えたいことは表現できます。全部覚えようとせず、まず自分にとってしっくりきそうなものから使ってみましょう。

have 1分間穴埋めテスト

Hey, did you (　　　) a nice weekend? ❶

良い週末を過ごしたかな？

I (　　　) a problem (　　　) my condition. ❷
I (　　　) a stomachache for a few days. ❸

体調に問題があって…。数日間お腹が痛かったんだ。

Oh no, are you OK now?

えぇ、今は大丈夫？

Well, I still feel a strong pain...

いや、まだ強い痛みがあって…。

(　　　) you seen a doctor about it? ❹
You should go as soon as possible.

医者に診てもらった？　できるだけ早く行ったほうがいいよ。

You're right, and I (　　　) an (　　　　　　) this afternoon. ❺

そうだね。今日の午後にアポを入れてあるよ。

(After seeing the doctor：診察を終えて)

How did it go?

どうだった？

Do you (　　　) any (　　　) about the cause of the stomachache? ⑥

腹痛の原因について何か思い当たることはある？

Actually, I (　　　) a weekend barbecue, and something from it might be the cause. ⑦

実は週末にバーベキューをしたんだけど、その何かが原因かもしれない。

I (　　　) (　　　) be more careful with my meals. ⑧

食事にはもっと気を付けないとね。

have を使った名言を学ぼう

"I have a dream."

私には夢があります。

Martin Luther King Jr.（牧師、アメリカ公民権運動指導者）

答え

①have ②had、with ③had ④Have ⑤have、appointment
⑥have、idea ⑦had ⑧have to

go

動 行く、向かう、過ぎる、去る、～し続ける

コアイメージ

goは「話の中心から離れて行く」イメージです。「話の中心に近づいてきている」 comeとは対照的です。このgoの持つ「中心から離れる」イメージから、「過ぎる」「去っていなくなる」などの意味にもつながります。その他、現在地から離れて物事が先に進んでいくイメージが「続ける」という意味になったり、「be going to＋動詞の原形」(～する予定/計画だ)の表現にも派生しています。

I go to the gym every morning.

私は毎朝ジムに行きます。

使い方

「行く」意味の**goは「到達」の前置詞toとおおむねセットで**使います。toの後ろには場所の情報が来ます。ここでは「I go to…」の形で日頃の活動を表現してみましょう！　文の後半に**「to＋動詞の原形」**をつければ、**「goする理由／目的」**を説明することもできます。(☞to：p.40)

1分間置き換えトレーニング

I go to **bed before 11:00.**
11時前に寝ます。

I go to **the office on weekdays.**
平日はオフィスに行きます。

I go to **my parents' house on weekends.**
週末には両親の家に行きます。

I go to **the library to do research.**
リサーチをするために図書館に行きます。

I go to **the stadium to watch baseball games.**
野球の試合を見るために球場に行きます。

015

I'm going to go to the dentist.

私は歯医者に行く予定です。

be going to＋動詞の原形：～する予定だ

be going toは「～する予定/計画だ」の意味。「be going to＋動詞の原形」の形で助動詞のように使います。その場で「～しよう」と思いついた意志を表すwillと違い、**be going toは計画に向かい進んでいるイメージ**です。決まっている予定を伝えるように練習してみましょう。

1分間置き換えトレーニング

I'm going to buy a new car.
新しい車を買う予定です。

I'm going to meet my old classmates.
昔の同級生に会う予定です。

I'm going to watch the latest movie.
最新の映画を見る予定です。

I'm going to have a baby in two months.
2カ月後に赤ちゃんが生まれる予定です。

I'm going to play with my son in the park.
公園で息子と遊ぶ予定です。

Let's go driving today.

今日はドライブしに行きましょう。

go -ing：〜しに行く

goの後ろに動詞の-ingをつなぎ「〜しに行く」と表現することができます。主に**スポーツや娯楽に行く際に**この形を用います。go *to* -ingとしないように気をつけましょう。Let's（しましょう）とセットで、誰かをスポーツや娯楽に誘うイメージで練習してみましょう。

1分間置き換えトレーニング

Let's go shopping in Ginza.
銀座に買い物しに行きましょう。

Let's go golfing this weekend.
今週末ゴルフしに行きましょう。

Let's go swimming at the beach.
ビーチに泳ぎに行きましょう。

Let's go apple picking in October.
10月にリンゴ狩りをしに行きましょう。

Let's go jogging around the park.
公園の周りをジョギングしに行きましょう。

017

Let's go on with the picnic.

ピクニックを続けましょう。

go on with：～を続ける

「go on with＋名詞」で「～を続ける」と表現できます。使い方の一例として「It's raining today, but（今日は雨ですが）→ピクニックを続けよう！」と**不都合なこととセットで使う**こともよくあります。「続けよう／進めよう！」と呼びかけるイメージで練習してみましょう。（☞on：p.34、with：p.41）

1分間置き換えトレーニング

Let's go on with the meeting.
ミーティングを続けましょう。

Let's go on with the next step.
次のステップに進みましょう。

Let's go on with the demo lesson.
デモレッスンを続けましょう。

Let's go on with the live streaming.
ライブ配信を続けましょう。

Let's go on with the second chapter.
第2章に進みましょう。

How's it going with **your job?**

あなたのお仕事は順調ですか？

How's it going with：～は順調ですか？

How's it going?（how's=how is）は、**物事がどんな感じで進んでいるかを尋ねる**表現です。このひと言だけで**「最近調子はどう？」**というカジュアルな挨拶になります。ここでは**後ろにwithをつないで**、具体的な物事の状況を尋ねるイメージで練習してみましょう。（☞with：p.41）

1分間置き換えトレーニング

How's it going with **your diet?**
ダイエットは順調ですか？

How's it going with **your resume?**
履歴書はどうなっていますか？

How's it going with **your deadline?**
締め切りはどうなっていますか？

How's it going with **your husband?**
旦那さんはお元気ですか？

How's it going with **your job interview?**
就職面接は順調ですか？

go 1分間穴埋めテスト

How is it (　　　)(　　　) your new project? ❶

新しいプロジェクトは順調？

It's (　　　) ❷ well. I'm (　　　) ❸ to share the first draft with the team next week.

順調だよ。来週、チームに初稿を伝える予定だよ。

That's great to hear! Let's (　　　)(　　　) ❹ with the new design of our pamphlet.

それは良かった！　では、新しいパンフレットのデザインを進めよう。

OK. I'm (　　　) ❺ to add some visuals to make it clearer.

OK。もっとわかりやすくするために、いくつかビジュアルを加える予定だよ。

Sounds like a good idea. By the way, do you want to (　　　) ❻ to the conference next month?

良いアイデアだね。ところで、来月のカンファレンスに行かない？

Well, I need to check my schedule. I'll tell you soon if I can (　　　　)❼ or not.

そうだね、予定を確認する必要があるから、行けるかどうか近いうちに伝えるね。

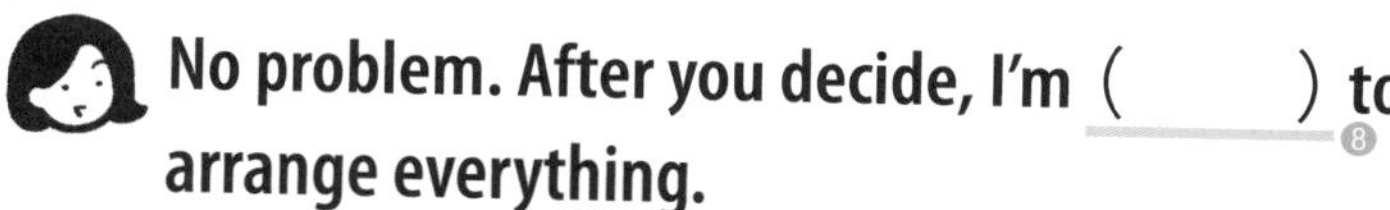

No problem. After you decide, I'm (　　　　)❽ to arrange everything.

問題ないよ。あなたが決めた後に、全部手配するつもりだから。

Thanks. OK, let's (　　　　)❾ on to the next item on the agenda.

ありがとう。じゃあ、議題の次の項目に進みましょう。

go を使った名言を学ぼう

"Boy, go and follow your heart. And you'll be fine at the end of the line."

少年よ、自分の心に従っていきなさい。そうすれば最後にはうまくいくから。

Bob Dylan（ミュージシャン）

答え

❶going with ❷going ❸going ❹go on ❺going ❻go ❼go ❽going ❾go

come

動 来る、やってくる、たどり着く

コアイメージ

comeは「話の中心に近づいてきている」コアイメージです。「話の中心から離れて行く」goとは対照的です。日本語では「行く」を使う場面も、英語では「話の中心に近づく」場合にcomeを使います。また、人以外に、物事が迫ってきている際にもcomeで表現できます。ちなみに移動を表す類義語のarriveは「到着」が強調され、approachは「接近」が強調された単語です。

Thank you for coming to **my place.**

私のうちに来てくれてありがとう。

使い方

comeは、「到達」の前置詞toとおおむねセットで使います。toの後ろには場所の情報を入れますが、後ろにhere（副詞：ここへ）を置くときにはcome hereとなり、toは入りません。ここではThank you for comingの形で、自分の所に来てくれた感謝を伝える表現を練習してみましょう！　**for以下の部分は「感謝している理由」**を表しています。（☞for：p.39、to：p.40）

1分間置き換えトレーニング

Thank you for coming **here.**
こちらに来てくれてありがとう。

Thank you for coming to **our office.**
弊社に来てくれてありがとう。

Thank you for coming to **the festival.**
フェスティバルに来てくれてありがとう。

Thank you for coming to **the workshop.**
ワークショップに来てくれてありがとう。

Thank you for coming to **the tasting event.**
試食イベントに来てくれてありがとう。

020

I came back to Japan yesterday.

私は昨日、日本に帰国しました。

come back：戻る

come backは、一度出て行った後に同じところに帰ってくることを表します。「to＋場所」で戻ってきた場所も表せますが、後ろにhome（副詞：家へ）を置くときにはtoが入りません。どこかから戻ってきたことを伝えるイメージで練習してみましょう。

（☞to：p.40）

1分間置き換えトレーニング

I came back home at 10:00 last night.
昨晩は10時に帰宅しました。

I came back to the same place.
同じ場所に戻ってきました。

I came back to my original idea.
元のアイデアに戻ってきました。

I came back to my desk after lunch.
ランチの後、デスクに戻ってきました。

I came back to my hometown two years ago.
2年前、地元に戻って来ました。

I came here to meet my friend.

私は友人に会うためにここに来ました。

使い方

comeの過去形を使ったcame hereは、まさに**「ここに来ました」と話の中心に到着したことを表す**表現です。その後ろに「to＋動詞の原形」を置けば、「来た理由／目的」を説明できます。自分がここに来た目的／理由を相手に説明するイメージで練習してみましょう。

1分間置き換えトレーニング

I came here to **study English.**
英語を勉強するためにここに来ました。

I came here to **talk about my plan.**
自分の計画について話すためにここに来ました。

I came here to **attend a conference.**
カンファレンスに出席するためにここに来ました。

I came here to **take beautiful photos.**
美しい写真を撮るためにここに来ました。

I came here to **get a ticket to the concert.**
コンサートのチケットを取るためにここに来ました。

022

Can you come to **the second floor?**

2階に来てくれませんか？

使い方

Can you（～できる？／～してくれない？）の表現と**come**を合わせると、**「～に来られるかな？／来ませんか？」**と相手に確認したりお誘いする表現になります。親しい間柄の人に対して、どこかの場所やイベントに来られるかを確認するイメージで練習してみましょう。（☞ to：p.40）

1分間置き換えトレーニング

Can you come to **the seminar?**
セミナーに来てくれませんか？

Can you come to **the exit now?**
今、出口に来てくれませんか？

Can you come to **the rehearsal?**
リハーサルに来てくれませんか？

Can you come to **the rooftop for a picnic?**
ピクニックしに屋上に来てくれませんか？

Can you come to **the charity event tomorrow?**
明日、チャリティイベントに来てくれませんか？

023

Winter is coming.

冬がやってきます。

使い方

「物事 is coming」の形にすると、**ある物事が近づいてきている最中**だと表現できます。comingの後ろに副詞の**upをつけると、近づいている様子をさらに強調**できます。何らかの物事や状況が自分に近づいているイメージを持って練習してみましょう。

1分間置き換えトレーニング

The shuttle is coming.
シャトルバスが来ます。

The election is coming.
選挙が近づいています。

The typhoon is coming.
台風が接近しています。

My birthday is coming up.
私の誕生日が近づいています。

The deadline for the report is coming up.
レポートの締め切りが近づいています。

024

I came up with a good idea.

私は良いアイデアを思いつきました。

come up with：～を思いつく

come up withで「思いつく」という意味になります。ひらめきを伴い（with）自分の所に上がって来る（come up）感じです。**withの後ろには思いついたことを置き**ます。came up with と過去形にして「良いことを思いついた！」と伝えるイメージで練習してみましょう。（☞ up：p.52、with：p.41）

1分間置き換えトレーニング

I came up with a new goal.
新しい目標を思いつきました。

I came up with a funny joke.
面白いジョークを思いつきました。

I came up with a catchy name.
キャッチーな名前を思いつきました。

I came up with a back-up plan.
バックアッププラン（予備案）を思いつきました。

I came up with a better solution.
より良い解決策を思いつきました。

COLUMN

1日のたった1％＝15分

本書でお願いしている「1カ月間は**1**日**60**分のトレーニングを続けてください」と聞くと、「えー！　そんな時間ないよ……」と思われるかもしれません。そういう方に向けて、時間確保に役立つ2つの視点をお伝えします。

ひとつめは、**時間を「小さく分けて」考える**こと。**60**分は、**15**分が4つのこと。**15**分とは、1日のたった1％。この**15**分単位の時間をまず探してみるのです。すると**15**分×2セットぐらいは、「あそびの時間」（車のブレーキに設けられている「あそび」のように、日々の行動の前後に存在しているバッファのような時間）が見つかるはずです。

もうひとつのコツは、**「何かの時間に合わせること」**。特に新規の学習ではなく「復習」に関しては、移動時間など、体は動いているけれど、「脳や耳や口が空いている」時間を使いましょう。

このように、「あそび時間の転用」と「何かの時間に合わせること」。この2つの視点から、確保できる時間を探してみてください。

余談になりますが、私は自宅で「履いて歩くだけで体幹が鍛えられる」というルームシューズを履いています（笑）。英語トレーニングについても、楽しくクリエイティブに工夫したいものですね！

come 1分間穴埋めテスト

Thank you for (　　　)(　　　)❶ my birthday party last night!

昨晩は私の誕生日パーティに来てくれてありがとう！

Of course, I had a great time. I want to (　　　)❷ to your place again sometime.

もちろん、とても楽しかったよ。またいつかあなたのうちに行きたいな。

I'm glad you enjoyed it.

楽しんでくれてよかった。

You know, a comedy show is (　　　)❸ to the mall today, so I'm already here to see it.

あのさ、今日お笑いショーがモールに来るから、それを見たくてもうここに来てるんだけど。

Do you want to (　　　)❹ with me?

一緒に来ない？

Sounds good!

いいね！

Can you (　　　)❺ to the entrance at 2:00?

2時に入口に来れる？

Sure thing! By the way, Eri is (　　　)(　　　) to Japan next week. ⑥

もちろん！　ところで、来週エリが日本に帰ってくるよ。

That's exciting! We should (　　　) up (　　　) some fun plans for her. ⑦

それは楽しみだね！　彼女のために、何か楽しいプランを思いつかないとね。

Exactly. Let's go drinking and talk about it tonight. Good ideas will (　　　)(　　　) us, I guess. ⑧

そうだよね。今夜飲みに行って、話そうよ。良いアイデアがきっと思い浮かぶと思うよ。

come を使った名言を学ぼう

"I will prepare and some day my chance will come."

準備しておこう。チャンスはいつか訪れるものだ。

Abraham Lincoln（アメリカ第16代大統領）

答え

① coming to ② come ③ coming ④ come ⑤ come
⑥ coming back ⑦ come、with ⑧ come to

take

動 ～を取る、持っていく、持ち去る、買う

コアイメージ

take は「外から自分のところに取り込む」イメージ。**getよりもより積極的に、自ら選んで掴み取る**要素があります。また、bringが「取ったものを話の中心に持ってくる」というニュアンスなのに対し、takeは「取る」ことに焦点が当たったり、**「話の中心から離れた場所に持っていく」**イメージです。take out/take away（お持ち帰り）は、まさにtakeの持つコアイメージを含む表現です。

025

I want to take a vacation.

私は休暇を取りたいです。

使い方

決まりフレーズとして使われる**「take＋名詞」**の一例をピックアップしました。他の単語で代用できるものもありますが、takeを使うことで、より**「掴み取って自分のところに取り込む」**ニュアンスになります。I want to（したい）の表現と合わせて練習してみましょう。

1分間置き換えトレーニング

I want to take a bath now.
今、お風呂に入りたいです。

I want to take a photo here.
ここで写真を撮りたいです。

I want to take a walk with you.
あなたと散歩したいです。

I want to take a chance on this career.
このキャリアでチャンスをつかみたいです。

I want to take medicine for my stomachache.
腹痛の薬を飲みたいです。

026

Can you take **the box** from **the door?**

ドアのところから箱を取ってくれませんか？

使い方

「取る」はtakeの代表的な意味のひとつ。**Can you take ～？**の表現では、親しい相手に**「～を取ってくれない？」**とお願いしています。文末に**「from＋場所」**をつけ足し、どこから取るのかを伝えることもできます。家族/友人にお願いするイメージで練習してみましょう。(☞from：p.38)

1分間置き換えトレーニング

Can you take **my bag** from **the car?**
車からバッグを取ってくれませんか？

Can you take **my jacket** from **the chair?**
椅子からジャケットを取ってくれませんか？

Can you take **the charger** from **the shelf?**
棚から充電器を取ってくれませんか？

Can you take **my glasses** from **the drawer?**
引き出しから眼鏡を取ってくれませんか？

Can you take **some tomatoes** from **the fridge?**
冷蔵庫からトマトを取ってくれませんか？

I'll take my umbrella, just in case.

私は念のため傘を持っていきます。

使い方

takeは「持っていく」、人なら「連れていく」の意味にもなります。**話の中心から離れていくイメージ**です。「to＋場所」をつけ足すと、持っていく場所も伝えられます。**その場で思いついたニュアンスのwill**と合わせ「～を持っていきます」と伝える練習をしてみましょう。

1分間置き換えトレーニング

I'll take this one, please.
これをください(買います)。

I'll take my cousin to the lake.
いとこを湖に連れていきます。

I'll take my laptop to the meeting.
会議にはノートパソコンを持っていきます。

I'll take this mail to the post office.
この郵便物を郵便局に持っていきます。

I'll take my mother to the hospital.
母を病院に連れていきます。

028

How about taking a bus from here?

ここからバスに乗るのはどうですか？

使い方

takeは特定のジャンルの名詞、**「乗り物」「テスト／授業」ともセットで**使います。「take＋乗り物」で乗車することや「take＋授業」で授業を受けることを表せます。**How about -ing「～するのはどうですか？」のお誘い表現**とセットにし、相手を誘うように練習しましょう。（☞about：p.42）

1分間置き換えトレーニング

How about taking a taxi to the museum?
美術館までタクシーに乗るのはどうですか？

How about taking a ferry to Liberty Island?
リバティ島へのフェリーに乗るのはどうですか？

How about taking TOEIC?
TOEICを受験するのはどうですか？

How about taking a golf lesson?
ゴルフのレッスンを受けるのはどうですか？

How about taking a yoga class online?
オンラインでヨガのクラスを受けるのはどうですか？

It takes ten minutes to prepare a meal.

食事を準備するのに10分かかります。

It takes＋時間：〜かかる

「It takes＋時間」で**「〜かかります」と所要時間を表現**できます。何かの物事が「時間を取る＝かかる」です。さらに**「It takes＋時間＋to＋動詞の原形」**の形にすれば、具体的にどんな行動の時間かを表現できます。何かの所要時間を伝えるイメージで練習してみましょう。

1分間置き換えトレーニング

It takes two hours to get to Tokyo.
東京に行くのに2時間かかります。

It takes an hour to write a resume.
履歴書を書くのに1時間かかります。

It takes five minutes to do my hair.
髪をセットするのに5分かかります。

It takes thirty minutes to do the dishes.
食器を洗うのに30分かかります。

It takes just a few seconds to download this app.
このアプリをダウンロードするのはわずか数秒です。

030

Please take off your coat.

コートを脱いでください。

take off:～を脱ぐ/取り去る/取り除く

takeと「分離」のoffをセットにすると**「脱ぐ/取り去る」**の意味になります。「離陸する」の意味もありますが、ここでは日常生活で回数が多い「脱ぐ」などの表現を練習します。Pleaseとセットにして、相手に脱ぐ/取り去ることをお願いするイメージで練習してみましょう。(☞off:p.45)

1分間置き換えトレーニング

Please take off **the cover.**
カバーを取ってください。

Please take off **your shoes.**
靴を脱いでください。

Please take off **the old wallpaper.**
古い壁紙をはがしてください。

Please take off **your ring in the sauna.**
サウナでは指輪を外してください。

Please take off **your make-up and relax.**
メイクを落としてリラックスしてください。

031

I'll take care of **your baby.**

私があなたの赤ちゃんの面倒を見ますよ。

take care of：～を世話する／～の面倒を見る

take＋名詞のcare（世話／面倒）を組み合わせた**take care of**は、**「世話する／面倒を見る」**の意味です。人や動物の世話を表すだけでなく、物事に対し**「対処する」**ことも表せます。I'llとセットにして「自分が世話／対処します」という意志を伝えるイメージで練習してみましょう。（☞ of：p.37）

1分間置き換えトレーニング

I'll take care of **your dog.**
私があなたの犬の面倒を見ますよ。

I'll take care of **the packing.**
私が荷造りをやりますよ。

I'll take care of **the problem.**
私が問題に対処しますよ。

I'll take care of **dinner tonight.**
私が今夜夕食を担当しますよ。

I'll take care of **the plants at the office.**
私がオフィスの植物の面倒を見ますよ。

032

I'll take up tennis for my health.

私は健康のためにテニスを始めます。

take up：～を始める

take upには「始める」の意味があります。upの後ろには名詞や動名詞(-ing)をつなぎます。startが始めること全般を表すのに対し、**take upは仕事や趣味を楽しんで始めるニュアンス**です。I'll take upで、積極的に「～を始めるんです！」の気持ちで練習してみましょう。(☞up：p.52)

1分間置き換えトレーニング

I'll take up volunteer work.
ボランティア活動を始めます。

I'll take up something new.
何か新しいことを始めます。

I'll take up learning Spanish.
スペイン語を習い始めます。

I'll take up running in the morning.
朝にランニングを始めます。

I'll take up posting videos on YouTube.
YouTubeに動画投稿するのを始めます。

COLUMN

前置詞と副詞はどう違う？

前置詞とはその名の通り「前に置く詞（ことば）」。「名詞や名詞の働きをする語（動名詞など）」の前に置いて使うというルールがあります。

例えば、次のようなものです。

get on the bus / **talk** with my client / **leave** for school

一方、副詞は、その名の通り、（動詞などに）「副（そ）える詞（ことば）」。後ろに名詞を置くことはありません。下に例を挙げました。

leave the light on / **put your pencil** down / **come** up **with an idea**

ところで、**take off**（〜を脱ぐ）という句動詞があります。この **off** は前置詞ではなく、副詞なんです。**Take off your hut.**（帽子を脱いでください。）と、「**off** の後ろに名詞が来てるじゃないか！」と思うかもしれません。説明しましょう。

元々この言い回しは **Take your hut off your head.**（頭から帽子を取ってください。）です。この場合の **off** は前置詞ですね。ただし、言わなくてもわかる **your head** の部分がなくなって **Take your hut off.** となり、**off** が副詞という扱いになり、さらに副詞は文の中で置く場所のルールに縛られないので、語順が入れ替わったというわけです。と、ここまで説明しておきつつ、このあたりは正確に見分けられなくても大丈夫。**take off** の成り立ちを知る楽しみとして、ご参考に。

take 1分間穴埋めテスト

Are you going to (　　　) a vacation soon? ①

もうすぐ休暇を取る予定？

Yes, I'm thinking of (　　　) a trip to Hawaii. ②

うん、ハワイに旅行しようと思っているんだ。

Sounds great! I can (　　　)(　　　) of your work during the time. ③

いいね！　その間は私が仕事を引き受けるよ。

Thank you so much. I'll bring some paper files to you later.

ありがとう。あとで紙のファイルを持っていくね。

Maybe it'll (　　　) just 30 minutes to share my work with you. ④

たぶん30分ぐらいで仕事をシェアできると思う。

OK. (　　　) a lot of (　　　) and enjoy your vacation! ⑤

わかった。たくさん写真を撮って、休暇を楽しんでね！

Thanks, I'm looking forward to (　　)(　　)⑥ my jacket and putting on a swimsuit.

ありがとう、ジャケットを脱いで、水着を着るのが楽しみだよ。

And I'm going to (　　)(　　)⑦ surfing there.

そこでサーフィンを始めるつもりなんだ。

(　　)⑧ the chance to make some wonderful memories in Hawaii.

ハワイで素敵な思い出を作るチャンスをつかんできてね。

take を使った名言を学ぼう

"If you have a good attitude and you make a plan and take a chance, even Mars is possible."

良い態度を持ち、計画を立ててチャンスをつかむのであれば、火星さえも可能です。

Maye Musk（モデル、著者、栄養士、Elon Muskの母）

答え

①take ②taking ③take care ④take ⑤Take、photos
⑥taking off ⑦take up ⑧Take

give

動 〜を与える、あげる、提供する

コアイメージ

takeが外から自分のところに取り込むイメージなのに対して、giveはその逆。「自分（主語）から外に出し、相手に届ける」コアイメージです。この「相手」の存在がgiveには必須なので、「give＋"与える相手"＋与える物事」という語順となります。giveは「誰が誰に与えるのか」が混乱しがち。主語から相手の方向に何かを与えるイメージを強く持つといいでしょう。

Could you give me a copy?

私にコピーをいただけますか？

使い方

Could you give meは「直訳：あなたは私に与えることができますか？」ですが、相手に何かを**「いただけますか？」**とお願いするときの表現です。**与えるのは「相手が→私に」**です。CouldをCanにするとカジュアルな表現に。相手に何かを与えてほしいと、お願いするイメージで練習してみましょう。

1分間置き換えトレーニング

Could you give me a hand?
手を貸していただけますか？（手伝っていただけますか？）

Could you give me a discount?
割引していただけますか？

Could you give me more information?
もっと情報をいただけますか？

Could you give me your phone number?
あなたの電話番号を教えていただけますか？

Could you give me your recommendation?
あなたのおすすめを教えていただけますか？

034

I'll give you the password.

パスワードを教えますね。

使い方

I give youとなると、**与えるのは「私が→相手に」**。与える対象はモノだけでなくgive you a ride（車で送る）のような表現もあります。ここでは I'll （=I will）を加えて、「あなたに○○を与えますよ」と**相手に何かを差し出す/申し出る気持ちで**練習してみましょう。

1分間置き換えトレーニング

I'll give you a call.
電話しますね。

I'll give you a map.
地図を渡しますね。

I'll give you some hints.
いくつかヒントを教えますね。

I'll give you a ride to the airport.
空港まで送りますね。

I'll give you a summary of the meeting.
会議の要点を伝えますね。

035

Give your slides to your boss.

上司にスライドを渡してください。

使い方

giveは語順を変え**「give＋与える物事＋to＋与える相手」**にしてもOK！**「与える相手」の情報が聞き手には新しく、また表現が長くなるときにこの形になることが多い**です。ここでは、与える相手を「私以外の第三者」に設定して、伝えるイメージで練習してみましょう。(☞ to：p.40)

1分間置き換えトレーニング

Give the flyers to the audience.
観客にチラシを渡してください。

Give your address to the driver.
運転手に住所を伝えてください。

Give the document to your manager.
マネージャーに書類を渡してください。

Give a second chance to your children.
子どもたちにセカンドチャンスを与えてください。

Give the package to a delivery person.
配達員に荷物を渡してください。

036

I can't give up **chocolate.**

チョコレートをやめられません。

give up＋名詞：～をあきらめる

give upは「あきらめる」の意味。**挑戦や目標をあきらめる、行動や習慣をやめる**ときに用います。upの後ろは名詞か動名詞(-ing)をつなぎます。ここでは、「I can't give up＋名詞」の形で、目標や習慣を「あきらめられない／やめられない」のイメージで練習してみましょう。(☞up：p.52)

1分間置き換えトレーニング

I can't give up **snacks.**
スナック菓子をやめられません。

I can't give up **my morning coffee.**
朝のコーヒーをやめられません。

I can't give up **my favorite TV drama.**
お気に入りのテレビドラマをやめられません。

I can't give up **my dream job.**
夢の職業をあきらめられません。

I can't give up **my passion for motorbikes.**
バイクへの情熱を捨てられません。

I gave up **smoking.**

私はタバコをやめました(禁煙しました)。

give up -ing：～をあきらめる

ところで、give upとは「与えて(give)」「上昇(up)」し自分の手の届かないところに行ってしまうイメージが「あきらめる」の意味につながっています。ここでは**「I gave up＋動名詞(-ing)」の形**で、行動や習慣を「やめました」のイメージで練習してみましょう。(☞ up：p.52)

1分間置き換えトレーニング

I gave up **drinking.**
お酒をやめました(禁酒しました)。

I gave up **staying up late.**
夜更かしするのをやめました。

I gave up **eating junk food.**
ジャンクフードを食べるのをやめました。

I gave up **watching TikTok.**
TikTokを見るのをやめました。

I gave up **playing smartphone games.**
スマホのゲームをするのをやめました。

give 1分間穴埋めテスト

Could you (　　　) (　　　) a hand? I have to carry these boxes. ❶

手伝ってくれない？　この箱を運ばないといけなくて。

Of course! (　　　) the heavier ones to me. ❷

もちろん！　重いほうの箱をちょうだい。

Thanks a lot. By the way, did you finally (　　　) (　　　) eating snacks? ❸

ありがとう。ところで、ついにスナック菓子を食べるのをやめたの？

Yes, I (　　　) up eating them for my health. ❹

うん、健康のために食べるのをやめたよ。

Wow, you're great. When did you decide to (　　　) them (　　　)? ❺

おぉ、すごいね。いつやめようと決めたの？

One month ago.

1カ月前だよ。

When I get some snacks at the office, I try to (　　　) them (　　　) my team members. ❻

会社でスナック菓子をもらったら、チームメンバーにあげるようにしているんだ。

So nice. I'm thinking of (　　　) up watching TV before bedtime. ⑦

いいね。私は寝る前にテレビを見るのをやめようかと考えているよ。

Instead, I want to (　　　) up some activities for my health. ⑧

その代わりに、健康のために何か活動を始めたいな。

(　　　) up something can make us better sometimes. ⑨

何かをやめることで、より良くなることもあるね。

give を使った名言を学ぼう

"Give me liberty or give me death!"

自由を与えよ、しからずば死を！

Patrick Henry（アメリカ独立戦争指導者）

答え

①give me ②Give ③give up ④gave ⑤give、up ⑥give、to
⑦giving ⑧take ⑨Giving

tell

動（人に）～を伝える、知らせる

コアイメージ

tellは「A→B」のように「一方から伝える」のイメージです。talkは双方向なやり取り、say（話す）は「I said, ［言ったセリフ］.」などと話した内容が強調されます。**tellは情報を伝える「相手」と「内容」が両方必要となり、「tell＋相手＋内容」の順番**で文を組み立てます。また、tellは情報などを「教える」ときにも使いますが、teachは深い知識などを教える「教育的なニュアンス」を含みます。

038

Could you tell me the time?

時間を教えていただけますか？（今何時でしょうか？）

使い方

Could you tell me は「直訳：あなたは私に伝えることができますか？」→**「教えていただけますか？」**の決まり表現として覚えてしまいましょう。CouldはCanにするとよりカジュアルになります。相手に何かを教えてもらいたいイメージで練習してみましょう。

1分間置き換えトレーニング

Could you tell me the details?
詳細を教えていただけますか？

Could you tell me the password?
パスワードを教えていただけますか？

Could you tell me the price of this?
これの値段を教えていただけますか？

Could you tell me your email address?
あなたのメールアドレスを教えていただけますか？

Could you tell me the way to the station?
駅への道のりを教えていただけますか？

039

I'll tell you my favorite recipe.

私のお気に入りのレシピをお伝えします。

使い方

I'll tell youは「あなたに～を伝えますよ」と話を切り出すときに使えるフレーズです。後ろにはI'll tell you the details.(詳細を)などと直接名詞を置くこともあれば、I'll tell you aboutとaboutをつなぐこともあります。相手に話を切り出すイメージで練習してみましょう。

1分間置き換えトレーニング

I'll tell you my schedule.
私のスケジュールをお伝えします。

I'll tell you my true feelings.
私の本当の気持ちをお伝えします。

I'll tell you the meeting place.
待ち合わせ場所をお伝えします。

I'll tell you my first impression of Paris.
私のパリの第一印象をお伝えします。

I'll tell you the result of your interview.
あなたの面接の結果をお伝えします。

COLUMN

２つの「やる気」の作り方

英語学習といえば、続きにくいものの代名詞のようなもの。伸びるのにある程度の時間を要する、生活の中での優先順位が下がりがち……など、様々なハードルがあります。そこで、**英語学習の「やる気」を良い方向に刺激してくれる２つの切り口**をご紹介します。

１つは、**「ワクワクするような目標を描く」**こと。「やらねば」の気持ちではなく、「やりたい」の気持ちを掻き立ててくれるのは、魅力的なゴールです。「そう言われても、あまり浮かばない」という人は、もしかすると**魅力的なゴールを描く情報が足りていない**のかも。夢や目標は、自分が知っている情報の中からしか描くことができません。本、SNS、人との出会いなどで参照できる情報を増やすと、夢や目標は育ちやすくなります。

もう１つは、**「学習そのものをやりたいと思えるものにする」**こと。ポイントは「没頭感」「達成感」「成長感」です。夢中になっているうちに学習が進み、清々しい達成感もある。そこに成長実感が伴っていると「やりたい」につながります。特に「成長感」を醸成するためには、**どんな些細な伸び / 変化にも積極的に OK を出してあげることが大事**。時間を要する英語学習だからこそ、盛大に自分を褒めて、乗せていくのです。

「学習が続きにくいな」と思ったら、上記の観点でご自身の状況を見直してみてください！

tell 1分間穴埋めテスト

I have some exciting news! Can you (　　　) me when you're free? ❶

ワクワクするニュースがあるんだ！　いつ空いているか教えてくれない？

Sure, I'm free today. What's the news? Can't you (　　　)(　　　) that now? ❷

もちろん、今日空いているよ。ニュースって何？　今それを教えてくれないの？

I'm going to (　　　)(　　　) at that time. Let's meet at our favorite cafe at 4:00 pm. ❸

そのときに話すつもりだよ。午後4時にお気に入りのカフェで会おう。

Sounds interesting! I'll be there then. I can't wait to hear the news.

おもしろそうだね！　その時間に行くね。ニュースを聞くのが待ち遠しいよ。

(4:00 pm at the cafe：4時にカフェにて)

Thanks for coming. I wanted to (　　　) you about my decision to study abroad! ❹

来てくれてありがとう。留学を決めたことを伝えたかったの。

That's fantastic news! Congratulations!

素晴らしいニュースだね。おめでとう！

Thanks! I wanted to (　　　)(　　　) first. You
(　　　) me to follow my passion.

⑤ ⑥

ありがとう。あなたに1番に言いたかったんだ。情熱に従って！　と言ってくれたから。

Let's celebrate this weekend!

I'll (　　　)(　　　) about my party plans later.

⑦

今週末にお祝いしよう！　パーティのプランについては後で話すね。

tell を使った名言を学ぼう

"Tell me the truth, but tell it slant."

真実を教えてください、ただし、それを少し斜めに。

Emily Dickinson（詩人）

答え

❶tell ❷tell me ❸tell you ❹tell ❺tell you ❻told ❼tell you

talk

動 (お互いに)話す、話し合う

コアイメージ

talkのコアイメージは「お互いに話し合う」。双方向で声に出しながら話すイメージです。同じような意味でも、tellは「一方通行に伝える」ニュアンス。その他、speakは「一方通行で声を発する」イメージ、sayは「I said, [言ったセリフ].」と話した具体的内容にスポットが当たる動詞です。これらの動詞と比べて、**talkは、「2人以上」「話し合う」**というポイントを押さえておきましょう。

Let's talk about our weekend plans.

週末の計画について話しましょう。

talk about：～について話す

talk aboutの後ろには「話し合う内容」を入れて使います。Let's talk about「話しましょう」という表現にすれば、友人との会話やディスカッションなどの開始を促すフレーズになります。今から何かを話し合うイメージで練習してみましょう。

（☞about：p.42）

1分間置き換えトレーニング

Let's talk about this topic.
このトピックについて話しましょう。

Let's talk about ourselves.
私たちについて話しましょう。

Let's talk about our visions for the future.
将来のビジョンについて話しましょう。

Let's talk about our next camping trip.
次回のキャンプ旅行について話しましょう。

Let's talk about our favorite comedians.
お気に入りのお笑い芸人について話しましょう。

041

I like talking with **my team members.**

私は**チームメンバー**と話すのが好きです。

talk with/to：～と話す

talk withもtalk toも後ろに「話し相手」を入れます。**talk withは最初からお互いにしゃべり合い、talk toは、出だしは一方から話しかける**イメージ。ですが、厳密に使い分ける必要はありません。I like -ingの形で、「話をするのが好き」と伝えるイメージで練習してみましょう。(☞with：p.41、to：p.40)

1分間置き換えトレーニング

I like talking with **new people.**
新しい人達と話すのが好きです。

I like talking with **my grandparents.**
祖父母と話すのが好きです。

I like talking to **our customers.**
お客様と話すのが好きです。

I like talking to **my son about his day.**
息子と彼の一日について話すのが好きです。

I like talking to **my homeroom teacher.**
担任の先生と話すのが好きです。

COLUMN

「ながら学習」に合う時間・合わない時間

何かをしながら教材などを聞き流す「ながら学習」は、「時間を効果的に活用でき、手軽に取り組みやすそう！」と、さまざまなメリットが期待できます。

一方で、ながら学習には「合わない時間」もあります。たとえば、筋トレの時間（笑）。なぜなら、「焦点化」の法則（**p.14**）のため、筋トレか英語学習か、どちらかにしか集中できないからです（単に**BGM**的に聞き流すのはアリです）。

お風呂タイムや電車通勤タイムなど「脳が空いている」「激しい動作が発生しない」という時間は、「ながら学習」の質が高まりやすいです。是非、うまく活用しましょう。運動系でも、ウォーキングや息の上がりすぎない軽めのジョギング、ストレッチなどであれば、英語学習との両立が可能になる確率は高いです。その場合、「一回学んだものを復習がてら取り組む」のであれば、忘却を防ぐための良い刺激にもなります。

ところで、「英語学習と言えば、即！音声活用」という方もいらっしゃるかと思います。学習のスタート時から音声を聞きつつ教材を読んだり、音読するなどの学習スタイルをお持ちの方は、是非そのやり方で本書をご活用ください。

そこにプラスして、「置き換えトレーニング」を進めていただければ、学習効果はさらにグンと高まるはずです。

talk 1分間穴埋めテスト

How about ( )❶ about your new workplace?

あなたの新しい職場について話すのはどう？

OK, let's ( )( )❷ it. It's so busy, but I enjoy working there.

いいよ、話そう。とても忙しいけど、楽しく働いているよ。

That's great to hear!

それは何よりだね。

Recently, I ( )( )❸ some coworkers during lunch breaks, and everyone was friendly.

最近、昼休みに何人かの同僚と話したんだけど、みんなフレンドリーだったよ。

That sounds nice. What did you ( )❹ about?

いいね。何について話したの？

We ( )( )❺ our backgrounds, and I learned a lot from them.

お互いのバックグラウンドについて話したんだけど、いろいろ学べたよ。

How about your boss? Is she easy to ( )❻ to?

上司はどう？　彼女は話しやすい人なの？

Just yesterday, I tried to (　　　)(　　　)⑦ my boss, and I found out we have a lot in common.

ちょうど昨日、上司に話しかけてみたんだけど、共通点がたくさんあるのがわかったんだ。

So nice! Oh, I have to go now. It was so nice to (　　　)(　　　)⑧ you.

とてもいいね！　あ、もう行かなきゃ。話せてよかったよ。

talk を使った名言を学ぼう

"If you talk to a man in a language he understands, that goes to his head. If you talk to him in his language, that goes to his heart."

その人が理解できる言語で話せば、頭に届く。だが、もし彼の母語で話すなら、それは心に響く。

Nelson Mandela（政治家、アフリカ民族会議指導者）

答え

①talking ②talk about ③talked with ④talk ⑤talked about
⑥talk ⑦talk to ⑧talk with

like

動 ～を好きだ、好む、気に入る
前 接 ～のような

コアイメージ

likeは「好きだ」「好みだ」といったまさに物事に対する好意を表しますが、その度合いはライトな感じです。ちょっと良いなと感じた程度でも気軽に使えますし、likeの前にreallyをつけたり、文末にvery muchといった強調表現を加えれば「かなり好き」「大好き」といったニュアンスも表現できます。likeと比べるとloveは「心の底から好き」という、より強く深い感情を伴います。

I really like **nature.**

私は**自然**が本当に好きです。

使い方

「like＋名詞」で好みを伝えられます。自己紹介にもなり、「I like ○○, too.（私も～が好き）」と返答にも使え、**会話の潤滑油**になります。名詞に“this”をつけると、この場にあるものを「これが好き！」と伝えられます。**reallyで好きの度合いを強めて**練習してみましょう。

1分間置き換えトレーニング

I really like **this app.**
このアプリが本当に好きです。

I really like **this song.**
この歌が本当に好きです。

I really like **this flavor.**
この味が本当に好きです。

I really like **wine and cheese.**
ワインとチーズが本当に好きです。

I really like **this character in the movie.**
映画のこのキャラクターが本当に好きです。

043

I like listening to podcasts.

私はポッドキャストを聞くのが好きです。

使い方

「like＋動名詞(-ing)」の形で、好きな行動などを伝えられます。likeの後ろは「to ＋動詞の原形」でもOK！　ですが**「like+-ing」の形は、より「楽しんでいる」ニュアンス**を含みます。好んで取り組んでいることを伝えるイメージで練習してみましょう。

１分間置き換えトレーニング

I like collecting dolls.
人形をコレクションするのが好きです。

I like going to saunas.
サウナに行くのが好きです。

I like working out at the gym.
ジムでトレーニングするのが好きです。

I like spending time with my cat.
猫と時間を過ごすのが好きです。

I like reading novels before bedtime.
寝る前に小説を読むのが好きです。

044

I like your **new suit.**

私はあなたの**新しいスーツ**が好きです。

使い方

likeの後ろを「your＋名詞」の形にすれば、**相手を褒める表現**になります。英会話では、日本語よりもずっと**日常的に相手の服装や持ち物などを褒めます**。その他、相手の素敵なところを伝えるのにlikeが使えます。身近な人の良い所をイメージしながら練習してみましょう。

1分間置き換えトレーニング

I like your **dress.**
あなたのワンピースが好きです。

I like your **designs.**
あなたのデザインが好きです。

I like your **cooking skills.**
あなたの料理の腕前が好きです。

I like your **sense of humor.**
あなたのユーモアのセンスが好きです。

I like your **positive attitude.**
あなたのポジティブな態度が好きです。

045

Do you like **winter?**

あなたは冬が好きですか？

使い方

「Do you like …?」(～は好きですか？)は、**会話を始める/好みを確認する/共通点を見つける/会話を続けるなどにお役立ちの表現**です。likeの後ろは名詞や動名詞(-ing)をつなぎます。ここでは、相手に関心を示しながら良い関係を築こうとするイメージで練習してみましょう。

1分間置き換えトレーニング

Do you like it?
それが好きですか？（気に入っていますか？）

Do you like fortune-telling?
占いは好きですか？

Do you like outdoor activities?
屋外のアクティビティは好きですか？

Do you like learning new things?
新しいことを学ぶのは好きですか？

Do you like eating out, or at home?
外食するのが好きですか、それとも家での食事が好きですか？

I'd like some water.

お水をいただきたいのですが。

would like：ほしい／いただきたい

would likeは「～がほしい＝want」の丁寧な表現です。**「I would like＋名詞」の形で「～をいただきたいです」**と丁寧にほしいものを伝えられます。I wouldの短縮形I'dの形にし、旅行先や職場で相手に何かをお願いするイメージで練習しましょう。

1分間置き換えトレーニング

I'd like some rest.
休憩をいただきたいのですが。

I'd like more sugar.
もっとお砂糖をいただきたいのですが。

I'd like your advice.
アドバイスをいただきたいのですが。

I'd like a window seat.
窓側の席をお願いしたいのですが。

I'd like an extra blanket.
追加の毛布をいただきたいのですが。

047

I'd like to try this menu.

私はこのメニューを試したいのですが。

would like to:～したい(のですが)

「I would like to ＋動詞の原形」は、「～をしたいのですが」と、**したい事や要望を丁寧に伝える表現**です。相手に対するお願いにもなりますし、単に自分が望む事を話す際にも使えます。I wouldの短縮形I'dの形にし、初対面の人や職場などで、自分の要望を伝えるイメージで練習してみましょう。

１分間置き換えトレーニング

I'd like to take up a new hobby.
新しい趣味を始めたいのですが。

I'd like to go hiking this weekend.
今週末ハイキングに行きたいのですが。

I'd like to know more about this travel plan.
この旅行プランについてもっと知りたいのですが。

I'd like to attend the conference next month.
来月カンファレンスに参加したいのですが。

I'd like to make a reservation for two tonight.
今晩２名で予約したいのですが。

COLUMN

形を変えて大活躍する動詞

本書に多く出てくる文法のひとつを補足説明しておきましょう。それは「**to** ＋動詞の原形」（**to** 不定詞と言います）と「**-ing**（動名詞）」です。

英語では、基本的にピリオドで区切られた一文の中では動詞が**1**つしか使えません（**and** などの並列関係を示す接続詞で繋がれた場合を除く）。

例）**I like curry.**（私はカレーが好きです）

では、次の日本語は、どんな英文にすればいいでしょうか？

●私はカレー**を作る**の**が好き**です。

動詞らしき表現が２つありますが、こんな英語表現になります。

⇨ **I like** cooking **curry.** もしくは **I like** to cook **curry.**

「**like cook curry**」と動詞を続けられればいいのですが、それは**NG** です。「**like** の後ろには目的語（＝名詞）が入る」という文法で成り立っています。そこで、動詞の見た目を「**to** ＋動詞の原形」や「**-ing**（動名詞）」に変身させ、「名詞しか置けない場所にも入れられる動詞の形」にしているのです。

このように英語では、動詞が「形を変える」ことで、「動詞の意味も持った名詞」として大活躍します。

（本書では詳しく触れませんが、動詞は「形を変える」ことで、名詞以外にも、形容詞や副詞の役割も担ってくれます。）

like 1分間穴埋めテスト

I (　　　) this song. It's so catchy!
　　❶

この曲が好き。キャッチーだよね！

I'm glad you (　　　) it. I really (　　　) this artist's musical style.
　　❷　❸

気に入ってくれて嬉しいよ。私はこのアーティストの音楽スタイルが本当に好きなんだ。

Do you (　　　) his old albums as well?
　　❹

彼の昔のアルバムも好き？

Yes, I (　　　) them even more.
　　❺

うん、さらにもっと大好きだな。

I (　　　) like (　　　) go to his concert.
　　❻

彼のコンサートに行きたいな。

Me too! It's very difficult to get tickets, but I'll check the website.

私も！　チケットを取るのがすごく難しいけど、ウェブサイトを見てみるね。

I'd (　　　) a better seat.
　　❼

いい席がいいのだけど。

Thanks! By the way, I (　　　) ⑧ your new haircut. You look great.

ありがとう！　ところで、新しい髪型いいね。すごく似合っているよ。

Thank you! I (　　　) (　　　) ⑨ to try a different hair color next time.

ありがとう！　次回は違うヘアカラーを試してみようかな。

That sounds exciting! I (　　　) ⑩ trying something new with my looks too.

それは楽しみだね。私も自分の外見で新しいことを試してみるのが好きだな。

like を使った名言を学ぼう

"I like nonsense, it wakes up the brain cells."

私はナンセンスが好きです、それは脳細胞を目覚めさせます。

Dr. Seuss（絵本作家、画家、詩人）

答え

① like ② like ③ like ④ like ⑤ love ⑥ 'd (would)、to ⑦ like ⑧ like ⑨ would like ('d like) ⑩ like

want

動 ～をほしい、～したい

コアイメージ

wantは、ただ「ほしい」ではなく「足りないものを補う」ニュアンスです。needは「～が必要」ですが、wantには必要性がありません。それより感情的にほしいと望む欲求や願望を表します。wantと同じ意味を持つ表現がwould like toですが、wantのほうが直接的(ほしい/したい)でカジュアルです。would like toはより丁寧で間接的(もしよかったらほしい/したい)な表現です。

I want this one.

私は**これ**がほしいです。

使い方

「want＋名詞」で**「～がほしい」**と欲求を伝えることができます。wantの後ろには、物理的なモノだけでなく、人や経験などもつなげることができます。**カジュアルな表現**になりますから、親しい人に自分のほしいものや願望を伝えるイメージで練習してみましょう。

1分間置き換えトレーニング

I want a new one.
新しいものがほしいです。

I want more sleep.
もっと睡眠がほしいです。

I want a quiet room.
静かな部屋がほしいです。

I want a better lifestyle.
より良いライフスタイルがほしいです。

I want more time with my family.
もっと家族との時間がほしいです。

049

I want to be a fluent English speaker.

私は流暢な英語の話し手になりたいです。

使い方

「want to be＋名詞」で**「～になりたい」**という願望を伝えられます。**名詞の部分には職業や役割**などが入ります。want toはときに、「ウォントトゥ」とも「ウォントゥ」とも発音されます。自分がなりたい人物像などを伝えるつもりで練習しましょう。

1分間置き換えトレーニング

I want to be a good listener.
聞き上手になりたいです。

I want to be the winner today.
今日は勝者になりたいです。

I want to be a morning person.
朝型になりたいです。

I want to be a professional athlete.
プロのアスリートになりたいです。

I want to be a role model for my children.
子供たちのロールモデルになりたいです。

I want to be kind to others.

私は他人に親切でありたいです。

使い方

「want to be＋形容詞」で「〜になりたい」という願望を伝えられます。**形容詞の部分には性格や状態**が入ります。want toはカジュアルな会話になると、wanna（ワナ）と発音されます。自分がなりたい性格や状態などをイメージして練習してみましょう。

1分間置き換えトレーニング

I want to be **free.**
自由でありたいです。

I want to be **healthy.**
健康でありたいです。

I want to be **relaxed.**
リラックスしたいです。

I want to be **more creative.**
よりクリエイティブになりたいです。

I want to be **more focused on my tasks.**
タスクにもっと集中したいです。

051

I want to learn a new language.

私は新しい言語を学びたいです。

使い方

「want to＋動詞の原形」で**「～したい」**という意味になり、具体的に**望んでいる行動**を表現することができます。否定の**don't want to**にすると**「やりたくない」**ことの意思表示になります。don'tの発音は「ドォウンッ」のように語尾のtは発音しないか、ほぼ聞こえません。色々な「～したい／したくない」をイメージして練習しましょう。

1分間置き換えトレーニング

I want to save money.
貯金したいです。

I want to start a side job.
副業を始めたいです。

I want to swim with dolphins.
イルカと一緒に泳ぎたいです。

I don't want to go to bed.
寝たくありません。

I don't want to study anymore today.
今日はもう勉強したくありません。

052

I wanted to watch the final episode.

私は最終回を見たかったです。

使い方

「wanted to＋動詞の原形」は「～したかった」過去の願望表現。この一文だけでは「叶ったのか？」はわからないので、この文の後にもうちょっと言葉をつけ足すといいです。wanted to は「ワンテットゥ」と縮めてOK。実際は「ワニダ」っぽく発音されます。過去の望みを想像して練習してみましょう。

1分間置き換えトレーニング

I wanted to be a doctor.
医者になりたかったです。

I wanted to take the last train.
終電に乗りたかったです。

I wanted to pass the driving test.
運転試験に合格したかったです。

I wanted to travel abroad this year.
今年、海外旅行に行きたかったです。

I wanted to go out drinking with you.
あなたと一緒に飲みに行きたかったです。

053

Do you want some sweets?

甘いものはどう（ほしい）？

使い方

「Do you want＋名詞」は「直訳：～がほしいですか？」ですが、実際は「～はどう？／いかが？」と、**相手に何かを勧める／確認するときのカジュアルな表現**です。orでつなげば「AかB、どちらがいい？」とも尋ねられます。親しい間柄の人に、何かほしいものを尋ねたり確認したりするイメージで練習してみましょう。

１分間置き換えトレーニング

Do you want some more?
もう少しどう？（おかわりはどう？）

Do you want the latest model?
最新モデルはどう？

Do you want coffee or tea?
コーヒーか紅茶はどう？

Do you want a small size, or a big one?
小さいサイズか大きいのか、どちらがいい？

Do you want a Japanese, or Western breakfast?
和か洋の朝食、どちらがいい？

Do you want to work with us?

私たちと一緒に働かない？

使い方

「Do you want to＋動詞の原形」は「直訳：あなたは〜したいですか？」ですが、実際は**「〜してくれない？／一緒に〜しない？」**と**お願いや勧誘をする時のカジュアルな表現**です。使い慣れないと、誘われていることがわからずに、やり取りがチグハグになることも……。バッチリ練習しておきましょう。

1分間置き換えトレーニング

Do you want to play volleyball?
バレーボールをやらない？

Do you want to do the laundry?
洗濯をしてくれない？

Do you want to eat out tonight?
今夜は外食しない？

Do you want to go to the movies?
映画に行かない？

Do you want to come to the party on Saturday?
土曜日のパーティに来ない？

055

You might want to see a doctor.

あなたは医者に診てもらったほうがいいかもしれません。

You might want to：～したほうがよさそうです

「You might want to＋動詞の原形」は「～したほうがよさそう」と相手に提案する表現です。You should よりも柔らかく、誰に対して使ってもOK！　mightは「マイッ」と語尾のtを発音しないか、弱めに言うようにします。何かを提案するイメージで練習してみましょう。

1分間置き換えトレーニング

You might want to skip dinner.
夕食を抜いたほうがいいかもしれません。

You might want to do meditation.
瞑想をしたほうがいいかもしれません。

You might want to talk to your boss.
上司と話をしたほうがいいかもしれません。

You might want to take an umbrella.
傘を持っていったほうがいいかもしれません。

You might want to check the website.
ウェブサイトをチェックしたほうがいいかもしれません。

COLUMN

you might want toの理解を深める

前ページで学んだ、**you might want to** という表現、なかなか馴染みがないかもしれません。あるいは、表現が長いので「うっ！」と抵抗を感じることも。そこで、改めて **you might want to** という表現への理解を深めるための **3** 点をお伝えしましょう！

① 実は、**you want to** には**「～したほうがいいよ」**という使い方があります。

② 次に、**might** は**「かもしれない」**という意味の助動詞です。

③ ①の **you want to**（～したほうがいいよ）と、②の **might**（かもしれない）をセットにすると、**you might want to** で**「～したほうがいいかもしれない」**というフレーズが出来上がります。

you should も同様の意味ですが「こっちのほうがいいはずだよ」と、ある物事に対して強く勧めている姿勢が現れます。一方で **you might want to** は「どっちでもいいんだけど、こっちのほうが良さそう」と、強制感が抜けた表現です。

日本語でも、少しマイルドな表現をするときには、「～しなよ」ではなく「～したほうがいいかもしれないよね」と、言葉が長くなりますよね。それと同じだと捉えてみましょう。

want 1分間穴埋めテスト

What do you (　　　) to do in the coming five years? ❶

次の5年間で何をしたい？

I (　　　) (　　　) (　　　) the owner of a dog cafe. I love dogs. ❷

私はドッグカフェのオーナーになりたいな。犬が大好きなんだ。

That's wonderful! I'm sure you can do it.

素敵だね！　あなたならできるよ。

Thanks! I (　　　) (　　　) make a good space for both dogs and their owners. ❸

ありがとう！　犬にも飼い主にも良い空間を作りたいんだ。

How about trying crowdfunding? I'm sure many animal owners (　　　) to support you. ❹

クラウドファンディングに挑戦するのはどう？　多くの動物の飼い主があなたをサポートしたいと思うよ。

That's a good idea. I (　　　) (　　　) get the details about that soon. ❺

良いアイデアだね。近いうちに詳細を調べたいな。

I think you (　　　)(　　　) to talk to someone with experience. ⑥

経験者に聞くのもいいかもしれないよ。

Thank you for your good ideas! Please keep in touch. I (　　　) more advice from you! ⑦

良いアイデアをありがとう。これからも連絡を取り合おうよ。
もっとあなたからのアドバイスがほしいな。

want を使った名言を学ぼう

"If you want to be happy, be."

もしあなたが幸せになりたいのなら、なりなさい。

Leo Tolstoy（小説家、思想家）

答え

❶ want ❷ want to be ❸ want to ❹ want ❺ want to
❻ might want ❼ want

keep

動 ～を保つ、保管する、維持する、～のままにする、し続ける

コアイメージ

keepは、ある状態を**持続させるために意志を持って注意を向け続け、力をかけ続けるイメージ**です。同じ「～のままにする」の意味を持つleaveが**「放置」のニュアンスなのとは対照的**です。またhold（持つ／保つ）は一瞬の間だけ押さえておくイメージですが、keepは長め。日本語の「姿勢をキープする」などの言葉と同じく、英語のkeepも「一定期間保つ」という概念を含みます。

056

Keep your wallet in your bag.

財布をバッグに入れておいてください。

使い方

「keep＋名詞」で、注意を向けながら何かを保管/保持する表現になります。haveも「所有」のコアイメージですが、keepはさらに「注意して持ち続ける」という意志のニュアンスが含まれます。Keep ….と相手に助言や指示をするイメージで練習してみましょう。

1分間置き換えトレーニング

Keep your ticket with you.
チケットを持っておいてください。

Keep your ID card with you.
IDカードを携帯しておいてください。

Keep this coupon for the next time.
次回のためにこのクーポンを持っておいてください。

Keep your passport in the safety box.
パスポートをセーフティボックスに保管しておいてください。

Keep this medicine in a cool, dark place.
この薬を冷暗所に保管しておいてください。

057

I'll keep a diary every day.

私は毎日日記をつけます。

使い方

「keep＋名詞」の決まりフレーズの一例を集めました。物事を続ける／約束を守る／覚えておく…と色々な意味になりますが、コアイメージは全て**「一定期間、意志を持って持続する」**ことです。I'llとセットで、自分に芽生えた意志を伝えるイメージで練習してみましょう。

1分間置き換えトレーニング

I'll keep my promise.
約束を守ります。

I'll keep that in mind.
心に留めておきます。

I'll keep your secret.
あなたの秘密を守ります。

I'll keep in touch with you.
連絡を取り合いましょう。

I'll keep an eye on your suitcase.
あなたのスーツケースから目を離さないようにします。

Please keep your room clean.

部屋をきれいにしておいてください。

使い方

上記では「your roomをcleanな状態のままにしておいて」と頼んでいます。このように**「keep＋○○＋形容詞」**で**「○○を～の状態のままにする」**と、注意してその状態を保ち続けるという意味になります。Pleaseから始め、相手にお願いするように練習してみましょう。

1分間置き換えトレーニング

Please keep the drinks cold.
飲み物を冷たくしておいてください。

Please keep the factory safe.
工場を安全に保ってください。

Please keep your body warm.
体を温かくしておいてください。

Please keep your schedule open.
スケジュールを空けておいてください。

Please keep the fruits fresh in the fridge.
フルーツは冷蔵庫で新鮮なまま保存してください。

059

Keep calm.

落ち着いてください。

使い方

「keep＋形容詞」で、特定の状態や感情を一定期間続けることを表現できます。Keep quiet.（お静かに）のような忠告にも使えますが、励ましの表現などとしても「keep＋形容詞」が使えます。様々な状況に対してアドバイスをするイメージで練習してみましょう。

１分間置き換えトレーニング

Keep positive.
ポジティブでいてください。

Keep quiet in the library.
図書館では静かにしてください。

Keep cool under pressure.
プレッシャーの下でも冷静でいてください。

Keep honest with yourself.
自分自身に正直でいてください。

Keep focused on this problem.
この問題に集中してください。

Keep smiling.

笑顔のままでいてください。

keep -ing：～し続ける

「keep＋動名詞(-ing)」で**「～し続ける」**と、行動を継続する表現になります。onを加えたkeep on＋動名詞でも同じ意味ですが、**onがあると継続性が強調**されます。ここではKeep ….と、相手に助言を伝えたり、励ますイメージで練習してみましょう。

1分間置き換えトレーニング

Keep going straight.
まっすぐ進み続けてください。

Keep believing in yourself.
自分自身を信じ続けてください。

Keep practicing the guitar.
ギターを練習し続けてください。

Keep doing it with confidence.
自信を持ってやり続けてください。

Keep looking for new opportunities.
新しい機会を探し続けてください。

keep 1分間穴埋めテスト

Thank you so much for (　　　) your schedule (　　　) for today. ❶

今日は予定を空けておいてくれてありがとう。

How's everything going?

最近はどう？

Well, can you (　　　) a (　　　)? I decided to leave the company. ❷

そうね、秘密にしておいてくれる？　会社を辞めることにしたんだ。

Now I'm looking for a new company.

今は新しい会社を探しているよ。

Oh, really? Please (　　　) me updated. ❸

そうなの？　ぜひ最新情報を教えて！

You know, it's my first experience. So sometimes I can't (　　　)(　　　). ❹

私にとって初めての経験でさ。だから時々、落ち着いていられないんだ。

(　　　) on believing in yourself. ⑤

自分を信じ続けて。

And (　　　) in (　　　) that your skills are valuable. ⑥

そして、あなたのスキルは価値があることを覚えておいて。

Thanks for the advice.

アドバイスありがとう。

(　　　) searching and networking. ⑦
It's important to find a great opportunity.

調べ続けることと、人との出会いを続けてね。
素晴らしいチャンスを見つけることが大事だから。

You're a great adviser, for sure!

あなたは私にとって、本当に素晴らしいアドバイザーだよ。

keep を使った名言を学ぼう

"Keep looking. Don't settle."

探し続けるんだ。妥協してはいけない。

Steve Jobs（Appleの共同創業者）

答え

① keeping、open ② keep、secret ③ keep ④ keep calm ⑤ Keep
⑥ keep、mind ⑦ Keep

leave

動 ～を去る、出発する、～を置いたままにする（して去る）
名 休暇

コアイメージ

何かに対して「**手を加えることなくそのままの状態にしておく**」、そして「**離れる**」という意味を持つ単語です。そのままの状態にしておくほうに注目すると「**置いたままにする**」の意味、離れるほうの意味に注目すると「**去る**」となります。同じような意味を持つkeepは、努力してその状態を維持するイメージがある一方、leaveは「放置」のニュアンスを含みます。

I'm going to leave the party soon.

私はすぐにパーティーを出る予定です。

使い方

「leave＋場所」で**「～を去る」**の意味になります。ちなみにleaveの後ろにworkやjobをつなげると「退勤する」意味だけでなく、「仕事を辞める」の意味でも使えるなど、何かを**「やめる」**ことも表せます。I'm going to（予定/未来の表現）と合わせて、やめる予定/出かける予定を話すつもりで練習しましょう。

1分間置き換えトレーニング

I'm going to leave social media.
SNSをやめる予定です。

I'm going to leave work next month.
来月仕事をやめる予定です。

I'm going to leave my house at 8:00.
8時に家を出る予定です。

I'm going to leave here in ten minutes.
10分後にここを出る予定です。

I'm going to leave the office early today.
今日は早くオフィスを出る予定です。

062

I'm leaving for **Okinawa.**

私は**沖縄**に出発します。

leave for：～に出発する／向かう

「leave for＋場所」は「～に出発する」です。「到達」の前置詞toではなく、「方向」を表すforを使って**「～に向かって去る」**と表しています。I'm leaving forと現在進行形にすると、今にも出発しそうな、準備万端な様子を表せます。今からまさに出かけるイメージで練習してみましょう。（☞for：p.39）

1分間置き換えトレーニング

I'm leaving for **school.**
学校に向かいます。

I'm leaving for **the gym.**
ジムに向かいます。

I'm leaving for **the stadium.**
球場に向かいます。

I'm leaving for **a business trip.**
出張に向かいます。

I'm leaving for **the conference.**
カンファレンスに向かいます。

Can I leave my suitcase here?

ここにスーツケースを置いておいてもいいですか？

使い方

ここでのleaveは、**「置いたままにする」**の意味。**何かを置いて去っていくイメージ**です。Can I leave … ？とすると「～を置いたままにしていい？」と許可を取る表現になります。何かを置く、預かってもらうときに使えます。出先でのやりとりをイメージして練習してみましょう。

1分間置き換えトレーニング

Can I leave my stroller here?
ここにベビーカーを置いておいてもいいですか？

Can I leave my bike over there?
あそこに自転車を置いておいてもいいですか？

Can I leave my coat over there?
あそこにコートを置いておいてもいいですか？

Can I leave the package at the door?
ドアのところに荷物を置いておいてもいいですか？

Can I leave my umbrella at the entrance?
入り口に傘を置いておいてもいいですか？

064

I left my lunch at home.

私は家にお昼ご飯を置いてきました。

使い方

「置いたままにする」のleaveを過去形にし、場所の情報を加えると**「(場所)に～を置き忘れた」**ことを表現できます。I left my bag behind.とbehind（副詞：後ろに）を使ってもどこかに置き忘れたことが伝わります。「あ、～を忘れてきた！」の気持ちで練習してみましょう。

1分間置き換えトレーニング

I left my bag behind.
バッグを置き忘れました。

I left my charger at the cafe.
カフェに充電器を置き忘れました。

I left my ID card in the library.
図書館にIDカードを置き忘れました。

I left my wallet in the car yesterday.
昨日、車の中に財布を置き忘れました。

I left my sunglasses at the swimming pool.
プールにサングラスを置き忘れました。

Please leave the door open.

ドアは開けたままにしておいてください。

使い方

上記の例文では「the door を open な状態にしておいて」と頼んでいます。このように**「leave＋○○＋形容詞」**で、**「○○を～の状態のままにする」**の意味です。形容詞のところは副詞の on/off が入ることもあります。「～のままにしておいて」とお願いするように練習しましょう。

1分間置き換えトレーニング

Please leave the gate unlocked.
ゲートは鍵を開けたままにしておいてください。

Please leave the window closed.
窓は閉めたままにしておいてください。

Please leave the TV on.
テレビはつけたままにしておいてください。

Please leave the light off.
電気は消したままにしておいてください。

Please leave the oven on at 180 degrees.
オーブンは180度のままつけておいてください。

leave 1分間穴埋めテスト

Are you ready to go?

出かける準備はできてる？

Yeah, I'm going to (　　　) soon. ❶

うん、すぐに出発するよ。

Wait. I'm going to (　　　) the heater (　　　) because it's snowing and cold today. ❷

待って、ヒーターをつけっぱなしにしておくよ。
今日は雪だし、寒いから。

OK, it's time to (　　　)(　　　) our client's office. ❸

了解、クライアントのオフィスに向かう時間だ。

Do you have your laptop? Last time you (　　　) it at the office. ❹

ノートパソコンは持っている？　前回、オフィスに置いていったよね。

Don't worry, I double-checked.

心配しないで。ダブルチェックしたよ。

Can I (　　　　) our paper document here today? I have the same data in my laptop. ⑤

今日は紙の資料をここに置いていってもいい？
ノートパソコンに同じデータがあるんだ。

I think digital data would be enough for today's meeting.

今日のミーティングにはデジタルデータで十分だと思うよ。

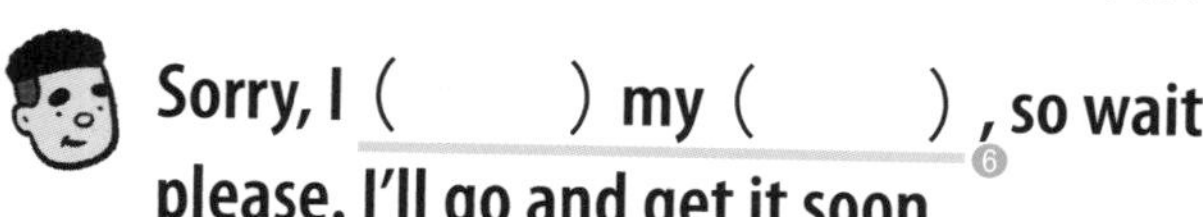

Sorry, I (　　　　) my (　　　　), so wait a moment, please. I'll go and get it soon. ⑥

ごめん、傘を忘れた。ちょっと待って。すぐ行って取ってくる。

OK, don't (　　　　) anything (　　　　) this time! ⑦

わかった、今度は何も忘れないでね。

leave を使った名言を学ぼう

"Never leave that till tomorrow which you can do today."

今日できることを明日に延ばすな。

Benjamin Franklin（アメリカ初代大統領）

答え

① leave ② leave、on ③ leave for ④ left ⑤ leave ⑥ left、umbrella
⑦ leave、behind

put

動 ～を置く、配置する

コアイメージ

putは、ある所にポンと置く/配置するイメージです。日本語で「置く」は水平な所に置く印象がありますが、**putは壁/天井/引き出しの中など、もっと幅広い「配置」の意味合い**です。日本語の訳は「置く/掛ける」などと変化しますが、英語では全てputでOK！　また、setが「定められた場所に配置する」というニュアンスなのに対し、putはそこまでキッチリした感じがありません。

066

Could you put this poster on the wall?

ポスターを壁に貼っていただけますか？

使い方

日本語の**「置く／入れる／掛ける／貼る」**などで表すものを、**全部put**で言ってみましょう。Could you とセットにすることで、相手に丁寧にお願いする表現になります。文の後ろに場所に関する表現を加えれば、どこに置いてほしいのかを伝えられます。

(☞ on：p..34、in：p.35)

1分間置き換えトレーニング

Could you put your pencil down?
鉛筆を置いていただけますか？

Could you put the slides in the drive?
スライドをドライブに入れていただけますか？

Could you put your bag in this basket?
バッグをこのカゴに置いていただけますか？

Could you put a stamp on the envelope?
切手を封筒に貼っていただけますか？

Could you put some sugar in my coffee?
コーヒーにお砂糖を入れていただけますか？

067

Please put on your coat.

コートを着てください。

put on：～を着る／履く

「身につけている」という状態を示す動詞のwearと異なり、**put onは「体の上にポンと置く」=「～を着る」動作の表現**です。日本語の**「～を履く／かぶる／つける」**なども全部put on。クリーム**「を塗る」**や化粧**「をする」**というときにもput onが使えます。相手に何かの着用をお願いするイメージで練習しましょう。

（☞on：p.34）

1分間置き換えトレーニング

Please put on a mask.
マスクをつけてください。

Please put on your sunscreen.
日焼け止めを塗ってください。

Please put on a life jacket for safety.
安全のためにライフジャケットを着用してください。

Please put on a helmet at the entrance.
入り口でヘルメットをつけてください。

Please put on your name tag on your chest.
胸のところに名札をつけてください。

Can you put away your books?

本を片付けてもらえますか？

put away：～を片付ける

「put＋away（副詞：離れて）」で「片付ける」の意味。ここではないどこか＝awayに配置するニュアンスです。文の後ろに片付ける場所をつけてもOK！　カジュアルなお願い表現のCan you …?（してくれない？／もらえますか？）で、親しい人に片付けを促すイメージで練習してみましょう。（☞away：p.46）

1分間置き換えトレーニング

Can you put away the plates?
お皿を片付けてもらえますか？

Can you put away your winter clothes?
冬服を片付けてもらえますか？

Can you put away the file on the shelf?
ファイルを棚に片付けてもらえますか？

Can you put away your toys in the box?
おもちゃを箱に片付けてもらえますか？

Can you put away the Christmas decorations?
クリスマスの飾りを片付けてもらえますか？

put 1分間穴埋めテスト

Hey, can you (　　　　)❶ these books on the shelf for me?

ねぇ、棚にこれらの本を置いてくれない？

Sure, I'll (　　　　) them (　　　　)❷.

もちろん、それらを片付けるね。

Thanks! Also, can you (　　　　) the new poster (　　　　) the (　　　　)❸?

ありがとう！　あと新しいポスターを壁に貼ってくれる？

Sure thing. We can make our room so nice and clean.

もちろんいいよ。私たちの部屋を良い感じできれいにしよう。

By the way, I'm thinking I'll (　　　　) (　　　　)❹ my new dress for the party tonight.

ところで今夜のパーティに新しいワンピースを着ようと思っているんだけど。

That sounds great! I'm sure you'll look fantastic.

いいね！　きっと素敵になると思うよ。

Thanks. And don't forget to (　　　)(　　　)⑤ your jacket and tie,

ありがとう。それと、ジャケットを着てネクタイをつけるのを忘れないでね。

because there's a dress code.

ドレスコードがあるからね。

All right. I'll (　　　)(　　　)⑥ my jacket and tie right now.

わかったよ。今ジャケットとネクタイを着てしまうね。

put を使った名言を学ぼう

"You've got to put the past behind you before you can move on."

前に進む前に、過去を遠ざけなければなりません。

Forrest Gump（映画『フォレスト・ガンプ』Gumpの母とGumpのセリフ）

答え

①put ②put、away ③put、on、wall ④put on ⑤put on ⑥put on

turn

動 回る、～を回す、向きを変える、曲がる、(状態が)変わる
名 転換、順番

コアイメージ

turnは方向や状態が変わるイメージです。折り返したりクルッと向きを変えたりすることを「ターン」と言いますが、まさにあのように切り変わる感じです。本書では主に、物理的な回転の動き、方向性の切り変えなどの表現を取り上げています。物を回すとき、道を曲がるとき、スイッチを入れるときなど、クルッと/パチっと、のイメージを持ってみましょう。

Please turn the key to the left.

鍵を左に回してください。

使い方

「turn＋名詞」で「～を回す」の意味です。軸を中心にくるりと回すものもあれば、何かを裏返したり、ページをめくる動きなども表せます。**aroundと組み合わせると「反対方向に向きを変える」**意味になります。Pleaseとセットで、相手に行動を促すイメージで練習してみましょう。

1分間置き換えトレーニング

Please turn two pages.
2ページめくってください。

Please turn the dial to 0.
ダイヤルを0に回してください。

Please turn the wheel to the right.
ハンドルを右に回してください。

Please turn around the chair.
椅子を反対向きにしてください。

Please turn around and look at me.
振り向いて私を見てください。

070

Turn right at the next traffic light.

次の信号で右折してください。

使い方

「turn＋副詞のright/left」で「(右に／左に)曲がる」の意味。道案内で必須の表現です。似た意味のturn to the right/leftは、体の向きを回転させるだけのイメージになり、turn rightは方向転換＆前進のイメージがあります。道案内をイメージして練習しましょう。(☞at：p.36)

1分間置き換えトレーニング

Turn left at the T-junction.
T字路で左折してください。

Turn right after the bridge.
橋の先(渡った後)で右折してください。

Turn left at the next crosswalk.
次の横断歩道で左折してください。

Turn right at the intersection over there.
あそこの交差点で右折してください。

Turn left and go down the street.
左折して、通りを進んでください。

Could you turn off the radio?

ラジオを消していただけますか？

turn on/turn off：～をつける／消す

「turn＋副詞のon/off」で**「つける／消す」**の意味になり、装置などの操作を表せます。on/offの後ろには具体的に操作する単語を置きますが、語順は「turn on ○○」でも「turn ○○ on」でもOK。ただしitなどの代名詞になると必ず「turn it on」の語順になります。Could youで、相手に操作をお願いするイメージで練習しましょう。（☞on：p.34、off：p.45）

1分間置き換えトレーニング

Could you turn on the AC?
エアコン（AC=air conditionerの略）をつけていただけますか？

Could you turn on the shower?
シャワーを出していただけますか？

Could you turn on the headlights?
ヘッドライトをつけていただけますか？

Could you turn off Netflix?
Netflixを消していただけますか？

Could you turn off the alarm clock?
目覚まし時計を消していただけますか？

072

Please turn down the music.

音楽を小さくしてください。

turn up/turn down：～を上げる／下げる

「turn＋副詞のup/down」には「上げる／下げる」の意味があり、明るさ、音量などをコントロールする表現になります。前ページのturn on/offと同じような使い方です。Pleaseとセットで、相手に調整をお願いするイメージで練習してみましょう。

（☞up：p.52、down：p.53）

1分間置き換えトレーニング

Please turn up the light.
電気を明るくしてください。

Please turn up the volume.
音量を上げてください。

Please turn up your phone's screen.
電話の画面を明るくしてください。

Please turn down your voice.
声を小さくしてください。

Please turn down the temperature.
温度を下げてください。

COLUMN

turn upとturn downの使い方

turn up は「（音量や電気など）を強める」、**turn down** はその逆で「（音量や電気など）を弱める」と学んだばかりです。これが、**cooler** や **heater**、**AC**（エアコン）になると、ややこしいので整理しておきましょう。

turn up the heater と言えば⇨ヒーターを強める＝**温度を上げる**
一方で、
turn up the cooler と言えば⇨クーラーを強める＝**温度を下げる**
になるのです。

つまり **heat** を **up** させて温度を上げる／ **cool** を **up** させて温度を下げるわけです。

また、**AC** という単語は、**air conditioner / air conditioning** の略になり、この略語のほうが一般的に使われます。ところが、日本の“エアコン”は「冷暖房」を指すのに対して、英語の **“AC”** は「冷房」の意味で使われるのです。やや混乱しがちな英語と日本語のちょっとした違い、面白いですね！

turn 1分間穴埋めテスト

(in the car：車の中で)

Can you (　　　　) the guidebook to the London section and tell me the route? ❶

ロンドンの部分までガイドブックをめくって、ルートを教えてくれる？

Sure, let me see... Okay, you need to (　　　　) (　　　　) at the next intersection. ❷

もちろん、ええと。わかった、次の交差点を右に曲がって。

Got it, thanks. And after that?

わかった、ありがとう。その後は？

Keep going straight for a while, then you'll need to (　　　　) left (　　　　) Elm Square. ❸

しばらくはまっすぐ進んで、エルム広場で左に曲がって。

Perfect. It's getting cold in here. Can you (　　　　)(　　　　) the heater? ❹

完璧。寒くなってきたね。ヒーターの温度を上げてくれる？

Sure thing. How's that?

了解。(温度は)どう？

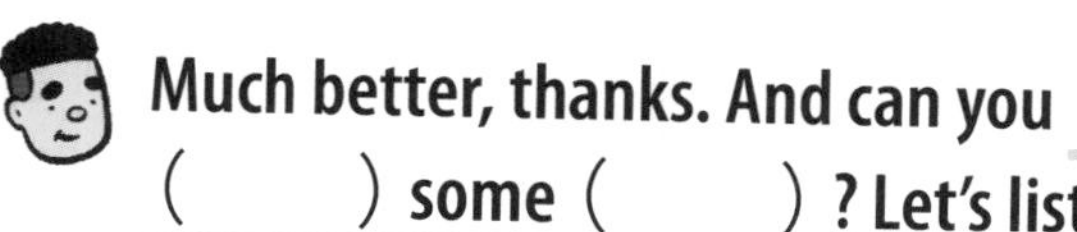

Much better, thanks. And can you (　　)(　　) some (　　)?⑤ Let's listen to something.

良くなった、ありがとう。あと音楽をかけてくれない？何か聞こうよ。

Sure. Oh, don't forget to (　　)(　　)⑥ the headlights. It's getting dark.

もちろん。あ、ヘッドライトをつけるのも忘れないで。暗くなってきたよ。

turn を使った名言を学ぼう

"Turn your face to the sun and the shadows fall behind you."

太陽に顔を向けなさい、そうすれば、影はあなたの後ろに落ちますから。

Unknown（読み人知らず）

答え

①turn ②turn right ③turn、at ④turn up ⑤turn on、music ⑥turn on

make

動 ～を作る、製作する、創作する、理解する、
成功させる、間に合う、～させる

コアイメージ

何かに対し力を加え形を変え「なかったものを新しく生み出す」イメージ。そこから「成功させる」などの意味もあります。I made it!（やった！）はまさに、プロセスを経て何かを生み出したイメージですね。「作る」全般を表すmakeに対し、createは創作する、produceは生産することを表します。料理全般もmakeでOKですが、火を通す調理を強調する場合はcookを使います。

I'll make cookies for my family.

私は家族のためにクッキーを作ります。

使い方

「make＋有形のモノ」で「何かに力を加えたり形を変えて、新しく生み出す」という意味、コアイメージそのものの「作る」のニュアンスです。I'llとセットで「～を作るよ」と、自分の意志や思いついたことを相手に伝えるイメージで練習してみましょう。

1分間置き換えトレーニング

I'll make a shopping list.
買い物リストを作ります。

I'll make flyers for the event.
イベントのためのチラシを作ります。

I'll make a hot dog for lunch.
ランチにホットドッグを作ります。

I'll make a sandcastle with my son.
息子と砂の城を作ります。

I'll make a flower bed around my house.
家の周りに花壇を作ります。

074

Please tell me how to make **this.**

この作り方を教えてください。

使い方

「how to＋動詞の原形」は「～のやり方/方法」を表します。このかたまりで名詞のように働き、動詞の後ろにつなぎます。ここでは**「how to make …」（～の作り方）**の形にし、Please tell meとセットで「～の作り方を教えて」と気軽に尋ねるイメージで練習してみましょう。

1分間置き換えトレーニング

Please tell me how to make **a website.**
ウェブサイトの作り方を教えてください。

Please tell me how to make **good slides.**
良いスライドの作り方を教えてください。

Please tell me how to make **sushi at home.**
家でのお寿司の作り方を教えてください。

Please tell me how to make **a perfect omlet.**
完璧なオムレツの作り方を教えてください。

Please tell me how to make **a flower bouquet.**
花束の作り方を教えてください。

I want to make good habits.

私は良い習慣を作りたいです。

使い方

makeは「無形のモノ」、習慣や関係性などとも組み合わせて使います。haveやgetではなくmakeを使うと、「自分が働きかけて新しく作る」ニュアンスが付加されます。I want to（～したい）の表現とセットで、何か新しいものを作りたい気持ちで練習してみましょう。

1分間置き換えトレーニング

I want to make **more money.**
もっとお金を稼ぎたいです。

I want to make **a good impression.**
良い印象を与えたいです。

I want to make **friends here in the US.**
ここアメリカで友達を作りたいです。

I want to make **a plan for my vacation.**
休暇の計画を立てたいです。

I want to make **good memories during the trip.**
旅行中に良い思い出を作りたいです。

076

I'll make an effort for my goal.

私は目標に向けて努力します。

使い方

決まりフレーズとして使われる**「make＋名詞」**の一例をピックアップしました。どれも**「何かに働きかけて新しく生み出す」**ニュアンスがあります。特に予約などの約束事全般にはmakeを使います。I'llとセットで、自分の意志を伝えるイメージで練習してみましょう。

1分間置き換えトレーニング

I'll make a promise with you.
あなたと約束します。

I'll make a reservation at the restaurant.
レストランの予約を取ります。

I'll make an appointment with my client.
クライアントとのアポを入れます。

I'll make a decision about the job offer soon.
仕事のオファーについてすぐに決断します。

I'll make it.
成功させます（間に合わせます／なんとかします）。

077

You made me **happy.**

あなたは私を**幸せ**にしてくれました。

使い方

makeには「何かに力を加える」イメージから、**相手に何かを強制的に「させる」**意味にもなります。ここでは、「You made me＋形容詞／動詞の原形」の形で「あなたが私を〜させた」を練習しましょう。頻出表現なので語順を覚えてしまうとラクになります。慣れないうちは「You made me＋形容詞」のみの練習でもOK！

1分間置き換えトレーニング

You made me **angry.**
あなたは私を怒らせました。

You made me **energetic.**
あなたは私をエネルギッシュにしてくれました。

You made me **smile every time.**
あなたは私を毎回笑顔にしてくれました。

You made me **laugh with a funny story.**
あなたは面白い話で私を笑わせてくれました。

You made me **understand the value of rest.**
あなたは私に休息の価値を理解させてくれました。

078

This song makes me excited.

この歌は私をワクワクさせてくれます。

使い方

「○○ makes me/you＋形容詞」の形で、「○○が私を／あなたを～させる」の意味になります。ある物事の力を受けて、私やあなたの状態が生み出されるイメージです。慣れないうちは例文のThis song makes meを毎回使い倒し、最後部分のみ置き替える練習でもOKです！

1分間置き換えトレーニング

This story makes me sad.
この話は私を悲しませます。

Meditation makes you calm.
瞑想はあなたを落ち着かせてくれます。

This photo makes me hungry.
この写真を見るとお腹がすきます。

This exercise makes you healthy.
この運動はあなたを健康にしてくれます。

This experience makes you stronger.
この経験はあなたをより強くしてくれます。

COLUMN

「できた！　もっとできる！」を高めるには

トレーニングジムでは、よく自分の体を鏡を見て確認している人達がいます。それは、日々の頑張りが筋肉の張りなどに現れ、目に見えるからです。それを確認すると、「自己効力感」＝「自分はできているし、もっとできるはずだ」という気持ちが高まります。当然、その感覚は次の意欲へと繋がります。

残念なことに、英会話のトレーニングは、目で見て確認できる変化・成長がなかなかありません。その代わりに、「やれた！」感を得られるちょっとした工夫をご紹介しましょう。

- **「ここまでできた！」と、進んだ範囲に対して OK を出す**
- **動画や録音を活用し、定期的に自分の伸びを可視化しておく**
- **１分間で言えた例文の数を、定期的に数えておく**…など

「あ！　スラッと言えたかも！」など、些細な変化に積極的に気づく達人になってください。英会話トレーニングに対して小さな成功体験を拾い集め、「自分はできているし、もっとできるはずだ」という「自己効力感」の UP につなげていきましょう。

make 1分間穴埋めテスト

Hey, you look fantastic!

ねぇ、素敵に見えるよ。

Well, I decided to (　　　) a (　　　) of going to the gym regularly. ❶

えっと、定期的にジムに行く習慣を作るって決めたんだ。

(　　　) fitness goals is really helpful. ❷

フィットネスの目標を作るのは、とても役に立つよ。

Interesting! Regular exercise (　　　) us (　　　). ❸

興味深いね！　定期的にエクササイズをすることで健康になれるよね。

And (　　　) a good (　　　) is important. ❹
I want to (　　　) time to exercise. ❺

あと良い印象を与えることは大事だよね。エクササイズする時間を作りたいな。

How about (　　　) an (　　　) with a trainer? ❻
I can recommend a few. I'll (　　　) a list for you. ❼

トレーナーとアポをとるのはどう？　何人かお薦めできるよ。リストを作るね。

Thanks!

ありがとう！

No problem.

どういたしまして。

Additionally, you might want to (　　　)⑧ better eating habits, and (　　　)⑨ time for recovery as well.

ついでに、より良い食事の習慣作りをして、回復のための時間も確保するといいと思うよ。

make を使った名言を学ぼう

"Whoever is happy will make others happy too."

幸せな人は誰でも、他の人をも幸せにするでしょう。

Anne Frank（『アンネの日記』著者）

答え

① make、habit ② Making ③ makes、healthy
④ making、impression ⑤ make ⑥ making、appointment
⑦ make ⑧ make ⑨ make

work

動 働く、仕事する、機能する、取り組む、役に立つ
名 仕事、作品、労力

コアイメージ

workのコアイメージは「機能する」。自ら能力を発揮して活動し、何らかの役割を果たすことです。そこから、人が能力を発揮して活動する→「働く」。さらに、例えばエアコンや薬などの物事がその役割や機能を発揮する→「機能する/うまくいく」の意味になります。ちなみに、work outは「体を鍛える」という意味。筋トレなどで体の機能性を高める運動に対して使う表現です。

I work at a cafe.

私はカフェで働いています。

work at/for/in：〜で働く

workは前置詞と結びつき「働く場所」を表現できます。**「work＋at」は勤務場所**を強調し、**「work＋for」は雇用主**が強調され、**「work＋in」で分野**を強調します。ですが、厳密な使い分けより言いやすいほうでOKです！　自分の仕事を説明するイメージで練習しましょう。(☞at：p.34、in：p.35、for：p.39)

1分間置き換えトレーニング

I work at the city hall.
市役所で働いています。

I work in the legal field.
法律の分野で働いています。

I work in the tech industry.
テクノロジー業界で働いています。

I work for a foreign-based company.
外資系企業で働いています。

I work for an elementary school in Chiba.
千葉の小学校で働いています。

080

I'm working as an engineer.

私はエンジニアとして働いています。

work as：～として働く

「work as＋職業」で、自分の職業や役職、立場を伝えることができます。今回は、I'm working と現在進行形で練習してみましょう。まさにしゃべっている瞬間仕事をしていなくても、I'm workingで「今はこんな仕事しているんだ」ということを伝えられます。（☞as：p.44）

1分間置き換えトレーニング

I'm working as a volunteer.
ボランティアとして働いています。

I'm working as a salesperson.
販売員として働いています。

I'm working as a part-time worker.
アルバイトとして働いています。

I'm working as a freelance designer.
フリーランスのデザイナーとして働いています。

I'm working as an operator at the call center.
コールセンターのオペレーターとして働いています。

081

I enjoy working with **my team.**

私は**チーム**と一緒に働くのが楽しいです。

work with：～と働く

「work with＋人など」で**「～と一緒に働く」**と伝えられます。**withの後ろ**には**人や組織**を入れたり、**技術やツール**などをつなげることもできます。今回は、「I enjoy working with + 人など」と、enjoy -ingの形と合わせて、仕事を楽しんでいるイメージで練習してみましょう。(☞with：p.41)

1分間置き換えトレーニング

I enjoy working with **animals.**
動物と一緒に働くのが楽しいです。

I enjoy working with **my students.**
生徒と一緒に働くのが楽しいです。

I enjoy working with **global partners.**
グローバルなパートナーと一緒に働くのが楽しいです。

I enjoy working with **this software.**
このソフトウェアで仕事するのが楽しいです。

I enjoy working with **my writing skills.**
自分のライティング力を使って働くのが楽しいです。

082

I'm working on my homework.

私は宿題に取り組んでいます。

work on：～に取り組む

work onは「～に取り組む」という意味。I'm working onの形にすると、目下集中して時間と努力を費やしているニュアンスです。onの後ろには、名詞または動名詞(-ing)をつなぎます。担当している仕事や、目下取り組んでいることをイメージして練習してみましょう。(☞on：p.34)

1分間置き換えトレーニング

I'm working on it.
やっている最中です。

I'm working on a new product.
新製品に取り組んでいます。

I'm working on my presentation.
プレゼンテーションに取り組んでいます。

I'm working on designing a logo.
ロゴをデザインすることに取り組んでいます。

I'm working on improving my English skills.
英語力を向上させることに取り組んでいます。

This medicine works well.

この薬はよく効きます。

使い方

workは**物事を主語にすると、「機能する／効く／役立つ」の意味**になります。副詞のwell（よく／うまく）とセットの形で使うことも多いです。また否定形で使えば、何かがうまく機能していないことも表せます。肯定文／否定文、両方練習してみましょう。

1分間置き換えトレーニング

Your advice works well.
あなたのアドバイスは役立ちます。

Regular exercise works well.
定期的な運動は効果的です。

The Wi-Fi doesn't work well.
Wi-Fiがうまく機能しません。

The headphones don't work well.
ヘッドフォンがうまく機能しません。

The old printer doesn't work well.
古いプリンターがうまく機能しません。

work 1分間穴埋めテスト

What do you do for a living?

お仕事は何ですか？

I (　　　)(　　　) a marketing manager at a startup company. ①

マーケティングマネージャーとしてスタートアップ企業に勤めています。

I really enjoy (　　　)(　　　) my team members. ②

チームメンバーとの仕事が本当に楽しいです。

What are you (　　　)(　　　) now? ③

今、何に取り組んでいるんですか？

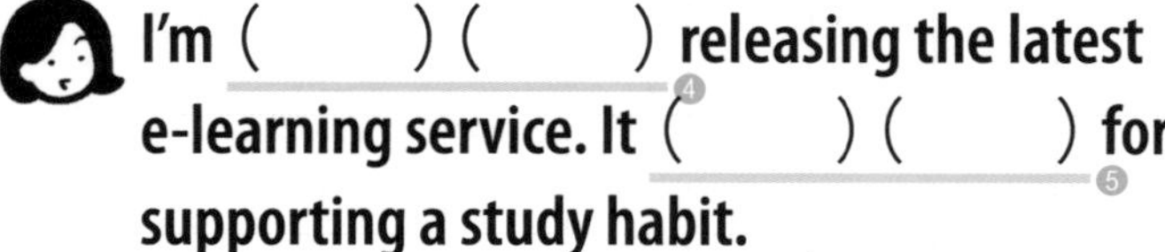

I'm (　　　)(　　　) releasing the latest e-learning service. It (　　　)(　　　) for supporting a study habit. ④ ⑤

最新のeラーニングサービスをリリースすることに取り組んでいます。それは学習習慣のサポートに効果的なんです。

That sounds interesting.

それは興味深いですね。

Actually, I study English every day because I want to (　　　) abroad. ⑥

実は毎日英語の勉強をしているんです、海外で働きたいので。

I'm sure our service will (　　　) well for you. ⑦

私たちのサービスはあなたのお役に立つと思いますよ！

work を使った名言を学ぼう

"I have not failed. I've just found 10,000 ways that won't work."

私は失敗したことがない。ただ、うまくいかない方法を1万通り見つけただけだ。

Thomas Edison（発明家）

答え

① work as ② working with ③ working on ④ working on
⑤ works well ⑥ work ⑦ work

use

動 ～を使う、利用する、活かす、習慣的に使う
名 使用、用途、使用目的

コアイメージ

useは「目的や必要に応じて何かを利用/活用する」という意味です。useの後ろには物理的なモノの他、人/場所/機会など、幅広い名詞とセットで使えます。また、元々useが古く持っていた「習慣」の意味合いから、過去の習慣を表す「used to」(～したものだ)や「be used to」(～に慣れている)の表現に派生していったようです。使い方を整理していきましょう。

084

I usually use this route.

私はいつもこのルートを使います。

使い方

useは日常のあらゆるシーンの「使う」を表せます。ここでは、**usually（普段）という副詞とセットで、「いつも～を使います」と表して**みましょう。文末にforをつなぐと、使用用途を説明することもできます。日々のルーティンを話すイメージで練習しましょう。

1分間置き換えトレーニング

I usually use this app.
いつもこのアプリを使います。

I usually use E-money, like Suica.
いつもSuicaなどの電子マネーを使います。

I usually use my smartphone alarm.
いつもスマホのアラームを使います。

I usually use my eco-bag for shopping.
いつも買い物にはエコバッグを使います。

I usually use my iPad for my daily work.
いつも日常業務にiPadを使います。

085

Can I use **your pen?**

あなたのペンを使ってもいいですか？

使い方

誰かのもの、公共のものを**使わせて/貸してほしいときにもuseを使えます**。borrow（借りる）は、借りた後その場から離れる（持っていく）イメージですが、**useは借りたものをその場で使うイメージ**です。Can I「～していいですか？」と許可を求める表現とセットで練習してみましょう。

1分間置き換えトレーニング

Can I use **this outlet?**
このコンセントを使ってもいいですか？

Can I use **the bathroom?**
お手洗いを使ってもいいですか？

Can I use **this coupon today?**
今日このクーポンを使ってもいいですか？

Can I use **your report as a sample?**
あなたのレポートをサンプルとして使ってもいいですか？

Can I use **this room for the seminar?**
セミナーでこの部屋を使ってもいいですか？

Don’t use the main gate.

メインゲートを使わないでください。

使い方

「～を使わないで」とお願いしたいとき、**Don’t use**で表現できます。高圧的な感じがするかもしれませんが、**注意喚起の表現**としてよく使われます。より丁寧に伝える場合は、文頭か文末にpleaseを。使ってはダメそうなものをイメージして練習してみましょう。

1分間置き換えトレーニング

Don’t use an easy password.
簡単なパスワードを使わないでください。

Don’t use your camera here.
ここではカメラを使わないでください。

Don’t use that word in public.
公の場でその言葉を使わないでください。

Don’t use a vacuum cleaner at night.
夜に掃除機を使わないでください。

Don’t use your personal email for work.
仕事で個人用のメールを使わないでください。

087

I used to have long hair.

私は以前、ロングヘアーにしていました。

used to＋動詞の原形：以前は～だった

「used to＋動詞の原形」で、**「以前は～だった」**と現在はおこなっていない過去の習慣を表せます。used toは助動詞的な役割を果たします。発音は「ユーズドトゥ」ではなく「ユー**ス**トゥ」とつなげてOK！　現在とは違う過去のことをイメージしながら練習してみましょう。

1分間置き換えトレーニング

I used to play basketball.
以前はバスケットボールをしていました。

I used to live in Yokohama.
以前は横浜に住んでいました。

I used to be a night person.
以前は夜型でした。

I used to eat fast food every day.
以前は毎日ファーストフードを食べていました。

I used to visit my hometown every year.
以前は毎年地元を訪れていました。

I'm used to spicy food.

私は辛い食べ物に慣れています。

be used to:～に慣れている

usedは「～に慣れて」という意味の形容詞でもあり、**「be used to」で、「～に慣れている」と物事に適応している**ことを表現できます。toの後ろは名詞か動名詞(-ing)が来ます。自分がすっかり慣れていることを思い出し練習してみましょう。

1分間置き換えトレーニング

I'm used to the crowded trains.
混んでいる電車には慣れています。

I'm used to the rainy weather in this region.
この地域の雨の天気には慣れています。

I'm used to getting up early.
早起きするのに慣れています。

I'm used to working at home.
自宅で仕事をするのに慣れています。

I'm used to speaking in front of people.
人前で話すのに慣れています。

use 1分間穴埋めテスト

(　　　) I (　　　) the cabinet here? ❶

ここにあるキャビネットを使ってもいい？

Sure, go ahead. But (　　　)(　　　) this one, it's broken... OK, here is yours. ❷

もちろん、どうぞ。でもこれは使わないで、壊れているんだ。じゃあ、ここがあなたのね。

Thanks. By the way, I (　　　)(　　　) be a night person, but now I'm not. ❸

ありがとう。ところで、私は以前は夜型だったけど、今は違うよ。

I (　　　)(　　　)(　　　) getting up early for work now. ❹

仕事のために早起きすることに慣れたよ。

That's great! What do you do after you get up?

それはすごいね！　起きた後は何をするの？

I (　　　) my favorite app to get fashion advice. ❺

ファッションのアドバイスをもらうのにお気に入りのアプリを使うよ。

Interesting. What app do you (　　　) for that? ❻

面白いね。何ていうアプリを使っているの？

Of course, I'll tell you. Here it is.

もちろん、教えるね。これだよ。

You can (　　　　) the free Wi-Fi to download it. ⑦

無料のWi-Fiを使ってダウンロードできるよ。

use を使った名言を学ぼう

"You can't use up creativity. The more you use, the more you have."

創造性を使い果たすことはできません。使うほど、ますます増えていくのです。

Maya Angelou（詩人、歌手、社会活動家）

答え

① Can、use ② don't use ③ used to ④ am（'m）used to ⑤ use ⑥ use ⑦ use

look

動 見る、～のようだ、～のように見える
名 外見、見た目

コアイメージ

lookのコアイメージは「視線を動かして見る」。目や首をパッと動かして見るイメージです。似た単語のseeは「見える(自然と視界に入ってくる)」、watchは「集中して見る」という違いがあります。lookはその他に、パッと見たときの印象に対して「～のように見える」という意味にもなります。「見る」と「～のように見える」両方の意味でlookを使えるようにすれば、グッと表現の幅が広がります。

Look at that.

あれを見てください。

look at:～を見る

look に「物事の一点」を表す前置詞のatを合わせた**look atは、「～を見る」「～に注目する」**という意味で、物事に視線や注意を向ける表現です。ここでは、何かを指さしながら一緒にいる相手に「見て！」と促す気持ちで練習してみましょう。

(☞at：p.36)

1分間置き換えトレーニング

Look at the shooting star.
流れ星を見てください。

Look at the beautiful sunset.
美しい夕日を見てください。

Look at the notice on the wall.
壁の通知を見てください。

Look at the video on the screen.
スクリーンのビデオを見てください。

Look at the long line at the ramen shop.
ラーメン屋の長い行列を見てください。

090

I'm looking for a good assistant.

私は良いアシスタントを探しています。

look for:～を探す

「look＋方向を表すfor」で**「～を探す」**という意味です。物理的に探すという意味だけでなく、仕事や経験など、無形なモノを探すときにも幅広く使えます。What are you looking for?（何を探しているの？）と声をかけられたときに返事をするイメージで練習してみましょう。（☞for：p.39）

1分間置き換えトレーニング

I'm looking for my key.
鍵を探しています。

I'm looking for a new job.
新しい仕事を探しています。

I'm looking for your email.
あなたのメールを探しています。

I'm looking for a blue shirt.
青いシャツを探しています。

I'm looking for a gift for my wife.
妻への贈り物を探しています。

I'm looking forward to seeing you again.

私はあなたにまた会えるのを楽しみにしています。

look forward to：～するのを楽しみにしている

「look＋forward（副：前方へ）＋前置詞to」で「～するのが楽しみ」と、**将来の出来事を楽しみに待ち望む**という意味になります。toの後ろは動名詞(-ing)や名詞をつなげます。I look forward to よりもカジュアルなニュアンスのI'm looking forward to を練習してみましょう。(☞forward：p.48)

1分間置き換えトレーニング

I'm looking forward to it.
楽しみにしています。

I'm looking forward to payday.
給料日を楽しみにしています。

I'm looking forward to our anniversary.
記念日を楽しみにしています。

I'm looking forward to hearing from you.
あなたからの連絡を楽しみにしています。

I'm looking forward to working with you.
あなたと一緒に働くのを楽しみにしています。

092

You look so nice.

あなたはとてもステキな感じですね。

使い方

このlookは**「～のように見える」**の意味。**「look＋形容詞」で見た目の印象を伝え**られます。形容詞の前にsoなどを入れて「とっても」のニュアンスを足したり、a little（ちょっと）を入れてもOK！　目の前の相手の様子を見つつ声をかけるイメージで練習してみましょう。

1分間置き換えトレーニング

You look so happy.
とても幸せそうですね。

You look so stylish.
とてもおしゃれに見えますね。

You look different today.
今日は違う感じですね。

You look young for your age.
年齢に比べて若く見えますね。

You look nice in that gray jacket.
そのグレーのジャケットが似合いますね。

You look like your father.

あなたはお父さんに似ています。

look like：～のようだ／～に似ている

lookに前置詞のlike（～のような）を合わせた**look likeも「～のようだ／ように見える」**という意味です。**likeの後ろは名詞**を置き、「～に似ているね」などと**相手の外見や特徴を伝える**ことができます。目の前の相手の様子を見つつ声をかけるイメージで練習してみましょう。

1分間置き換えトレーニング

You look like **a chef.**
シェフのようですね。

You look like **a professor.**
教授のようですね。

You look like **a politician.**
政治家のようですね。

You look like **a beer lover.**
ビール好きのようですね。

You look like **a princess in that dress.**
そのドレス姿はお姫様のようですね。

look 1分間穴埋めテスト

You (　　　) so happy! ❶

とても幸せそうだね。

Exactly! I'm (　　　) at the options, but ❷
everything (　　　) delicious. ❸

その通り、選択肢を見ているんだけど、全てが美味しそう！

I'm (　　　)(　　　) to trying this famous ❹
burger.

私はこの有名なバーガーを試すのが楽しみ！

Maybe I should (　　　)(　　　) something ❺
healthier.

たぶん私は少しヘルシーなものを探したほうがいいな。

You (　　　)(　　　) a salad person. ❻

サラダ派のようだね。

They have a great Caesar salad here.

ここには素晴らしいシーザーサラダがあるよ。

Really? I'll (　　　) for that on the menu. ❼
Oh, I found it!

本当？　メニューで探してみよう。あ、見つけた！

I'm (　　　) forward (　　　) my burger. ⑧
Now let's order our lunch!

私のバーガーが楽しみ。さあ、ランチを注文しよう！

Wait! Let's (　　　) at the dessert menu, too. ⑨
I want to have something sweet.

待って！　デザートメニューも見てみよう。
何か甘いものがほしいなぁ。

look を使った名言を学ぼう

"For beautiful eyes, look for the good in others."

美しい目を持つためには、他人の良い面を見つけなさい。

Audrey Hepburn（女優）

答え

① look ② looking ③ looks ④ looking forward ⑤ look for
⑥ look like ⑦ look ⑧ looking、to ⑨ look

think

動 考える、思う

コアイメージ

thinkのコアイメージは「頭を働かせる」こと。頭を使って思考したり、意見を形作るための知的活動を表します。対照的にfeel（感じる）は心に宿る感情を表す動詞です。その他、believe（信じる）が主観的な確信なのに比べ、thinkは冷静なイメージです。また、I think so. / I don't think so.（そう思う/思わない）は、何かに賛同する/しないときの返答フレーズとしてとても便利です。

094

What do you think of this schedule?

このスケジュールをどう思いますか？

What do you think of/about：～を/についてどう思いますか？

What do you think of/about …？ は「直訳：何を考えますか？」→**「意訳：どう思いますか？」**と**意見を尋ねる表現**です。直球な言い方のofに対し、aboutは周辺情報も含め全般的に尋ねる印象です。誰かに意見を求めるイメージで練習してみましょう。

（☞ of：p.37、about：p.42）

１分間置き換えトレーニング

What do you think of this hotel?
このホテルをどう思いますか？

What do you think of my new hairstyle?
私の新しい髪型をどう思いますか？

What do you think about my choice?
私の選択についてどう思いますか？

What do you think about my English?
私の英語についてどう思いますか？

What do you think about my proposal?
私の提案についてどう思いますか？

095

I think you're so kind.

あなたはとても親切だと思います。

I think：～だと思う

I thinkは、「私は～だと思う」と意見を述べる頭出し表現です。後ろに「主語＋動詞」を置きthatは省略可能です。また「私はできないと思う」などと言うとき、英語ではI don't think I can do it.と文の最初のI thinkの部分を否定にします。意見を述べるイメージで練習しましょう。

1分間置き換えトレーニング

I think this is a great recipe.
これは素晴らしいレシピだと思います。

I think you should try it again.
あなたはもう一度試してみるべきだと思います。

I think this is the best solution.
これがベストな解決策だと思います。

I don't think it's important.
それは重要ではないと思います。

I don't think I can do it on time.
私は時間通りにできないと思います。

I'm thinking of changing my hair color.

私は髪の色を変えようと思っています。

I'm thinking of：～しようと思っている

I'm thinking ofは「直訳：私は～を考えています」の意味の他にも**「～しようと思っている（がまだ決め切ってはいない）」**と伝えるフレーズです。ofをaboutにすると、さらに漠然とした印象です。「どうしようかな」と**検討している**ことをイメージして練習しましょう。（☞ of：p.37）

1分間置き換えトレーニング

I'm thinking of marrying her.
彼女と結婚しようと思っています。

I'm thinking of getting a pet.
ペットを飼おうと思っています。

I'm thinking of buying a house.
家を買おうと思っています。

I'm thinking of taking a cooking class.
料理のクラスを受けようと思っています。

I'm thinking of moving to another place.
別の場所に引っ越っこそうと思っています。

think 1分間穴埋めテスト

I'm (　　　) of changing the layout of the living room. ①

リビングルームのレイアウトを変えようと考えているんだ。

(　　　) do you (　　　) about buying some new furniture? ②

新しい家具を買うのはどう？

(　　　)(　　　) it's a great idea. What do you (　　　)(　　　) a nice sofa? ③ ④

それはいいアイデアだね。素敵なソファはどう思う？

I want to get a bright color.

明るい色のがほしいな。

(　　　)(　　　) you can feel more relaxed with a natural color. ⑤

自然な色だとリラックスできると思うんだけど。

Interesting.

面白いね。

Also, I'm (　　　)⑥ of getting some indoor plants as well.

あと室内用の観葉植物を買おうとも思ってるんだ。

That's a great combination, I (　　　)⑦.

それはいい組み合わせだと思う。

Do you (　　　)⑧ we should start shopping this weekend?

今週末から買い物を始めたほうがいいと思うかな？

That's a great idea! I (　　　)⑨ our plan to change the room will be successful.

良い案だね！　私たちの模様替えはうまくいくと思うよ。

think を使った名言を学ぼう

"Think of a way to make it work."

それをうまく行かせる方法を考えるんだ。

Michael Jordan（バスケットボール選手）

答え

①thinking ②What、think ③I think ④think about ⑤I think
⑥thinking ⑦think ⑧think ⑨think

do

動 ～をする、自発的にする、実行する、正しく行う

コアイメージ

doは、疑問文の文頭に来るDoや否定文のdon'tといった使い方以外に、doそれ自体を動詞として使うことができます。そのコアイメージは「～を自発的に正しく実行する」です。Just do it!（ただやるんだ！）というスローガンには「（自ら主体的に）やるんだ」というニュアンスが含まれているわけです。このdoは、どんな名詞と結びつくかで表現のバリエーションがグッと広がります。

What do you do for a living?

あなたのお仕事は何ですか？

使い方

What do you do? 単体は**「ご職業は何ですか？」**の決まり表現。文末に for a living をつけても同じ意味です。その他、後ろに言葉を足して「～のために何をしますか？」「～の時間に何をしますか？」と、より具体的に質問できます。日々の様々な行動を尋ねるイメージで練習してみましょう。(☞ for：p.39)

1分間置き換えトレーニング

What do you do for relaxation?
リラックスするために何をしますか？

What do you do during a flight?
フライト中には何をしますか？

What do you do for your health?
健康のために何をしますか？

What do you do in your free time?
自由時間に何をしますか？

What do you do for a good sleep?
良い睡眠のために何をしますか？

098

What are you doing now?

あなたは今何をしていますか？

使い方

What do you do? の時制を変化させれば、相手が**したこと/していること/する予定のこと**などを聞くことができます。これらの質問でより詳しく相手を知ることができます。相手に近況を尋ねるときの切り出しをイメージして練習しましょう。

1分間置き換えトレーニング

What did you do last weekend?
先週末何をしましたか？

What did you do after work yesterday?
昨日仕事の後に何をしましたか？

What were you doing this morning?
今朝は何をしていましたか？

What are you doing with so many books?
こんなにたくさんの本で何をしているんですか？

What are you going to do this weekend?
今週末は何をする予定ですか？

I do the dishes every time.

私は毎回食器洗いをします。

使い方

家事や日常生活のことを伝えるときに活躍するのが**「do＋名詞」**の形です。doという動詞を使うと、**「一連の行為をする」**ニュアンスになります（例：wash the laundry→洗うこと、do the laundry→洗濯作業全般）。日々の生活をイメージしながら練習してみましょう。

1分間置き換えトレーニング

I do housework on Sundays.
日曜日に家事をします。

I do the laundry on sunny days.
晴れた日には洗濯をします。

I do the gardening on weekends.
週末にガーデニングをします。

I do the cleaning as a daily routine.
日々のルーティンとして掃除をします。

I do my hair in a hurry every morning.
毎朝急いで髪をセットします。

100

I do yoga every Sunday.

私は毎週日曜日にヨガをします。

使い方

「do＋名詞」で、家事以外についても表現できます。例えば**フィットネスや格闘技などボールを使わないスポーツ**や、**仕事や勉強**に関することです。doを使えば、これらに関する「一連の行為」を表せます。自分の趣味や仕事の話をするイメージで練習しましょう。

1分間置き換えトレーニング

I do exercise for my health.
健康のために運動をします。

I do fifty push-ups every day.
毎日50回腕立て伏せをします。

I do my homework after dinner.
夕食の後に宿題をします。

I do a lot of research for our project.
プロジェクトのために多くのリサーチをします。

I do the paperwork first in the morning.
朝一番に事務仕事をします。

COLUMN

「反復が退屈…」におちいらないために

「退屈や苦痛」ではなく「夢中や没頭」の状態をどうしたら作れるのか？ここは工夫のしどころです。「反復トレーニングに飽きてきた…」と頭をよぎったら、やめてしまう前に、どんな工夫をしたら少しでも刺激的で楽しくなりそうか？　ぜひアイデアを巡らせてみてください。

15ページで説明した**「時間を区切る」**は、グッと集中力が上がったり、没頭感が高まります。終わった後の達成感、爽快感も増す可能性があります。その他、家族などを巻き込んでトレーニングして、交互に置き換えの例文を言い合ってみたり、数を競ったりすることもできます。

妄想をうまく取り入れるのも効果的。**Can I have**（〜をもらえますか？）、**I'd like**（〜いただけますか？）などを口にしながら脳内で買い物してみたり、**I left~**（置き忘れた）では焦る気持ちをイメージするなど、妄想で楽しくトレーニングできます。

逆に、退屈ではなく「ちょっと自分には負荷が高いな」という感覚があるなら、学習ペースを緩やかにして**OK**！置き換えをしない、例文音声をたくさん聴くだけ、置き換え例文にだけ取り組む、難しいページは飛ばす、など継続できそうな学習へのアレンジを入れてみてください。何より「“続く” **is everything!**」です。

do 1分間穴埋めテスト

What (　　　) you (　　　) last weekend? ❶

先週末は何をしたの？

I visited the beach and (　　　)(　　　) at sunset. It was so nice! ❷

海に行って、夕暮れどきにヨガをしたよ。とても良かったよ。

Then, I (　　　) some dancing with my friends. How about you? ❸

あと友達とダンスをしたよ。あなたはどうだった？

I (　　　) the cooking, (　　　), and laundry all day. ❹

私は1日中、料理と掃除と洗濯をしていたよ。

Wow, you (　　　) everything around the house. Perfect! ❺

わぁ、家のことを全部やっていたんだね。完璧だね！

I like taking care of my family, so I (　　　) housework every weekend. ❻

家族に関わることをするのが好きなんだ、だから毎週末は家事をしているよ。

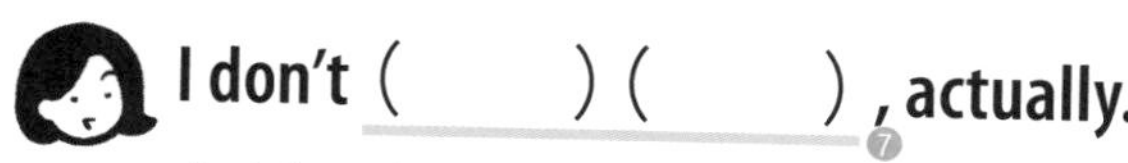

I don't (　　　)(　　　), actually. ⑦

実は私は家事をしないんだ。

I think that's OK. You can use some housework service and (　　　) your work. ⑧

大丈夫だよ。家事代行サービスを使って、自分の仕事をすればいいよ。

Anyway, it's interesting to know what we (　　　) on weekends. ⑨

とにかく、週末に何をするのかを知るのはおもしろいね。

do を使った名言を学ぼう

"Do or do not. There is no try."

やるか、やらないかだけだ。お試しなどはない。

Star Wars (映画『スター・ウォーズ エピソード5/帝国の逆襲』Yodaのセリフ)

答え

① did、do ② did yoga ③ did ④ did、cleaning ⑤ did ⑥ do
⑦ do housework ⑧ do ⑨ do

おわりに

前作『英会話は筋トレ。中２レベルの100例文だけ！１か月で英語がスラスラしゃべれる！』を２年半前に発売してから、幸運にも私は沢山の出会いに恵まれました。それは何より、書籍を使ってトレーニングしてくださる学習者の皆さまです。

当時の私は、何度も挫折を経験してきた英語学習者の皆さまに、「あ！自分でも英語をしゃべれる！」という瞬間を体験していただきたいという想いで本を書きました。その本作りの中で特に大事にしたのが、「何を捨て、何を残すのか？」でした。**he**や**she**から始まる文章を全く載せない英会話の本を世に出すのはアリか？と、正直怖さもありました。

ですが、フタを開けてみると、「これまで続かなかった英会話の勉強が、『英会話は筋トレ。』を活用して…初めて続いた！」「しゃべれる実感が出てきた！」などという数々のお声をいただくことになりました。前作をご愛用いただいた皆さまがいたからこそ、本書『やっぱり英会話は筋トレ。』を世に出すことができました。心から感謝しています。

前作を通じて知り合った学習者のひとりの方を、ここでご紹介させてください。東京の浅草にお住まいのＳさん（50代）は、知り合った2022年の春、英会話の“超”初心者でした。ただ、当時から「英語をしゃべれるようになりたい」という想いが強く、前作『英会話は筋トレ。』を使って毎日コツコツトレーニングしたり、気になった表現はすぐに調べてメモしたり、文法の参考書を活用するなどして学び直しをしていらっしゃいました。

そして、今年（2023年）の浅草三社祭のときのことです。かねてから「地元浅草を訪れる外国人観光客に英語で話しかけ、仲良くなること」を目標に掲げていたＳさんはある行動に出ます。まずは事前に、観光客に話しかけるフレーズ、**Do you like a festival? Do you like a portable shrine? Would you like to try it with us?** などを準備し、練習しました。そして、パンデミック明け、４年ぶりに開かれた三社祭で、久々に地元のメンバーと共にお神輿を担いだＳさん。その合間合間で外国人観光客に話しかけ、自らが着ている法被を観光客に貸し出し、お神輿を担がせてあげたのです。２日間で、Ｓさんは合計10名ほどの観光客と交流し、お神輿以外にも色々な話をし、写真を撮り合い、美味しい地元のラーメン屋を紹介するなどしたそうです。

Ｓさんに偶然出会った観光客の方々は本当にラッキーだったでしょう。Ｓさんの撮った写真には、興奮気味の皆さんの姿がありました。実際のところ、Ｓさんの英会話トレーニングは、きっとまだまだ道半ばです。三社祭で大きな成功体験を得たからこそ、「もっとしゃべりたい」「もっと英語が聞けるようになりたい」との想いを改たにしたはずです。

ただ、これだけはお伝えしたいです。道半ばだとか、そういうことは関係ありません。つい高くしがちな英会話習得のレベル感をいったん下げ、色々なものを捨てて、本当に必要なものをちゃんと使いこなせるように身につける。後は、失敗してもいいから、一歩踏みだす。そうすると、思っているよりもずっとずっと早く、英語をしゃべって、叶えたい未来を引き寄せることができるはずです。

Sさんのように、英語で夢や目標を叶えられる人をもっと増やしたい。『英会話は筋トレ。』の考え方やトレーニングで、Sさんのような初級者・中級者の方や、これまで英会話の勉強で挫折を繰り返した方に「成長の実感」を感じてもらいたい。そういう想いで今回、この『やっぱり英会話は筋トレ。』を制作しました。

その制作過程では、たくさんの気づきがありました。本書では「基本動詞を反復する」というコンセプトで本作りを始めました。ですが、「基本動詞」のみの反復では、初級者・中級者にはトレーニングに取り組みにくい、と気づくことになりました。動詞以外のパーツの可変性が高まるほど、難易度が上がってしまうからです。そこで「基本動詞をフレーズの中に入れ込み反復する」ことで効果的に習得してもらおうと考え、そのような仕立てにするに至りました。

本書を通じて、一人でも多くの英語学習者の皆さまが、自分のパーソナルトレーナーとなって「成長した！」と思える体験を自分自身に沢山させてあげてほしいと願っています。どうか、簡単なものを「覚えた！」という体験、簡単なものを「使えた！」という大きな成功体験を自分にさせてあげてください。それこそが、「もっとやりたい、もっとできるはずだ」という、自分への自信と未来への期待になっていくはずです。

最後に、この場をお借りしてお礼をお伝えします。

ユーモア溢れるイラストで本書にお力添えをいただいたモロドカさん。例文・解説の作成や校正にご協力くださった **Dylan Crotts** さん、兼田康平さん、青木悠さん。一緒に本書の制作を駆け抜けてくれた仕事仲間の宮田瑠美子さん。折に触れ貴重なアドバイスをくださる株式会社ブックオリティの高橋朋宏学長、平城好誠さん、菊地大樹さん。帯の写真撮影を担当してくれた夫の坂本勝俊。前作を世に出してくださった編集者、杉浦博道さん。そして、本書の編集にあたり絶妙な手綱さばきをしてくださった、かんき出版の米田寛司さん。

関わってくださった皆さまに御礼申し上げます。

2023 年 10 月　英語学習コーチ / メンタルコーチ

船橋由紀子

【著者紹介】

船橋　由紀子（ふなばし・ゆきこ）

◉——神奈川県出身、立教大学卒。元タカラジェンヌの母の影響も受けて、大卒後は文学座附属演劇研究所の研究生に。役者を経てMC・ナレーターの道へと進み10年ほど活動。リーマンショック後に公私共に逆境を味わう。そこで英語学習に没頭し、2カ月の勉強でTOEICは900点を超える。

◉——故・杉村太郎氏率いるコーチング型英語スクールに転職し、英語講師の道を歩む。在籍中は、主催の英語スピーチコンテストで4年連続担当受講生を優勝に導く。

◉——2017年に独立。アドラー心理学やNLPも駆使した英語指導で、2カ月でTOEIC200点アップの受講生を次々と輩出している。13年間で5000名の英語指導に従事。プライベートでは筋トレの趣味が高じて、美ボディコンテスト「ベストボディジャパン」では日本大会に出場を決めた。著書に『英会話は筋トレ。』（小社刊）などがある。

やっぱり英会話（えいかいわ）は筋（きん）トレ。
20の動詞（どうし）をモノにする反復法（はんぷくほう）

2023年11月20日　　第1刷発行

著　者——船橋　由紀子
発行者——齊藤　龍男
発行所——株式会社かんき出版
東京都千代田区麹町4-1-4 西脇ビル　〒102-0083
電話　営業部：03(3262)8011㈹　編集部：03(3262)8012㈹
FAX　03(3234)4421　　振替　00100-2-62304
https://kanki-pub.co.jp/

印刷所——ベクトル印刷株式会社

ISBN978-4-7612-7703-1 C2082

著者のベストセラー

英会話は筋トレ。

中2レベルの100例文だけ!
1か月で英語がスラスラしゃべれる。